红色地名文化项目组 ◎ 编

湘地名行文化系列

地名中永生

贺　龙
罗荣桓
任弼时
杨开慧
雷　锋
左　权
谭思聪
欧阳海
黄　兴
蔡　锷
许光达
李维汉
李志民
寻淮洲
徐特立
李淑一
郭　亮
夏明翰
谭嗣同

湖南地图出版社
长沙

图书在版编目（CIP）数据

在地名中永生/红色地名文化项目组编. -- 长沙：湖南地图出版社,2024.1
ISBN 978-7-5530-1398-5

Ⅰ.①在… Ⅱ.①红… Ⅲ.①革命纪念地-介绍-湖南 Ⅳ.① K878.2

中国国家版本馆 CIP 数据核字 (2023) 第 205598 号

在地名中永生
ZAI DIMING ZHONG YONGSHENG

编　　者：红色地名文化项目组
责任编辑：刘　畅　刘海英
出版发行：湖南地图出版社
地　　址：长沙市芙蓉南路四段 158 号
邮　　编：410118
印　　刷：长沙市雅捷印务有限公司
开　　本：710×1000　　1/16
字　　数：122 千
印　　张：11.25
版　　次：2024 年 1 月第 1 版
印　　次：2024 年 1 月第 1 次印刷
印　　数：1—10000
书　　号：ISBN 978-7-5530-1398-5
定　　价：98.00 元

·版权所有　翻印必究·

《在地名中永生》编纂委员会

主　任：曹忠平

副主任：游劲民

委　员：姚李维　廖剑波　王学强　刘谋益　张美华

　　　　朱　维　孙美秀　刘志红　吴学俊　邹永焱

　　　　唐颂武　谭应兵　沈绪国　杨登胜　曹佰龙

　　　　雷衍忠　谢江南　欧阳永久　龙江波　麻芙蓉

《在地名中永生》编纂委员会办公室

主　任：姚李维

副主任：刘谋益　朱　维

委　员：刘灵芝　周　舸　姚涵淞　刘　婧　黄文湘

　　　　梁运通　罗群义　尹　涛　卿笃葵　赵大咏

　　　　何绍喜　孙中平　夏国辉　吴雪平　曾文革

　　　　张钧涵　谢慕岚　杨　俊

红色地名文化项目组

成　员：张效雄　肖志红　江帅华　卢小伟　李　向

点亮红色地名
讲好红色故事

地名是人们就某一特定空间位置上的自然或人文地理实体所赋予的专有名称，是重要的地理信息和社会公共信息。地名是历史的继承，镌刻着我们永恒的记忆。古往今来，人们心中最温暖最柔软的那部分情感，无不包含着地名。

红色地名是浩瀚如海的地名中最闪亮的一部分。红色地名承载着近现代国家历史人文进程中的重要事件，留下诸多红色记忆。红色地名，主要包含党史人物故居、重要战斗遗址、革命烈士陵园、地方党组织诞生地等，其中不少是老百姓耳熟能详的特别方式的红色经典。叩问地名红色记忆，讲好地名故事，为的是记住来时的路。

红色地名的遴选、征集、公布和整理出版，只是保护利用的第一步。如何让红色地名成为地方发展的"名片"、声名远扬，是地名保护的又一道考题。除去一些早已声名在外的红色地名，还有一些地名"深藏功与名"，"隐身"于乡村。为找到它们、保护它们，湖南省梳理编印了《湖南红色地名录》，让红色地名保护一个也不能少。

党史是最好的营养剂，红色是最美的底色。收集整理、保护传承红色地名是我们的历史责任，首先是要把红色地名记录下来，这样才能有效地保护和利用。当然，最好的保护就是最有效地使用。红色地名使用本身，就是让历史事件和历史人物精神熠熠生辉，这是革命前辈留给后人的宝贵财富。新时代的发展总是在继承和创新中前进。对于这些重大历史事件发生地的地名来说，最好的保护就是使用。使用本身即是让人闻其名而知事，表彰其精神，鼓舞后辈斗志。把红色地名与红色教育、红色旅游相配合，由名释史、由史释义，放大红色地名的效应。另一方面，结合本地经济社会发展情况，可以把因村庄迁移、建筑物更迭等因素而暂停使用的红色地名，赋予到新建设的桥梁、道路、建筑物中去，让红色地名长存天地之间。

湖南省民政厅区划地名处为收集整理红色地名做了大量有效的工作，编印了《湖南红色地名录》，又编辑了《在地名中永生》，点亮红色地名，讲好红色故事，这是一种创新，很是值得称赞。

陈清林

2023 年 12 月 18 日

（作者系湖南省委党史研究室原副主任）

目　录

清水塘街道
清水塘街道简介　001
中共湘区委员会旧址暨毛泽东、杨开慧故居　002
中国共产党长沙历史馆　005

洪家关白族乡
洪家关白族乡简介　006
贺龙：两把菜刀闹革命　007
贺龙故居　012

文家市镇
文家市镇简介　014
秋收起义会师　015
秋收起义纪念馆、里仁学校　017

沙洲村

沙洲村简介	021
"半条被子"故事	022
"半条被子的温暖"专题陈列馆	026

荣桓镇

荣桓镇简介	028
罗荣桓生平	030
罗荣桓故居	033
荣桓图书馆	034
荣桓水库	036
荣桓中学	036

弼时镇

弼时镇简介	038
任弼时生平	040
任弼时同志故居	042
任弼时纪念馆	044
弼时中学	045

开慧镇

开慧镇简介	047
开慧村简介	048
杨开慧生平	050
杨开慧纪念馆	054

开慧中学	056
开慧河	057

雷锋街道

雷锋街道简介	059
雷锋生平	061
雷锋故居	064
雷锋纪念馆	065
雷锋学校	066

左权镇

左权镇简介	068
左权生平	069
左家老屋	072

思聪街道

思聪街道简介	074
谭思聪生平	075
思聪中学	078
思聪中心小学	078

欧阳海镇

欧阳海镇简介	079
欧阳海大桥	080
欧阳海生平	081

欧阳海中学	083
欧阳海灌区	084

黄兴镇

黄兴镇简介	086
黄兴新村简介	088
黄兴中学简介	088
黄兴生平	089
黄兴故居	093
黄兴墓	094

蔡锷乡

蔡锷乡简介	095
蔡锷生平	096
蔡锷故居	099

光达社区

光达社区简介	102
许光达生平	104
许光达故居	107

维汉村

维汉村简介	108
李维汉生平	109
李维汉故居	112
维汉小学	113

志民村

志民村简介	115
李志民生平	116
李志民故居	120

淮洲村

淮洲村简介	121
寻淮洲生平	122
寻淮洲故居	125
淮洲完小	126

特立村

特立村简介	127
徐特立生平	128
徐特立同志故居	130
五美中学	131

淑一村

淑一村简介	136
李淑一生平	137
李淑一珍藏馆	139

郭亮村

郭亮村简介	140
郭亮生平	142

郭亮纪念园	145
郭亮中学	147

明翰村

明翰村简介	149
夏明翰生平	150
夏明翰故居	153
明翰广场	155

黄兴村

黄兴村简介	156

嗣同村

嗣同村简介	157
谭嗣同生平	158
谭嗣同故居	161
谭嗣同祠	163
谭嗣同墓	166

后 记

清水塘街道

清水塘街道简介

　　清水塘街道隶属于长沙市开福区，地处开福区南部，松桂园商务中心东南部，东与芙蓉区湘湖街道相连，南与芙蓉区韭菜园街道接壤，西与望麓园街道、湘雅路街道毗邻，北与东风路街道搭界，辖区总面积2.62平方千米。截至2020年末，清

水塘街道总人口有 25974 人。

清水塘街道因中共湘区委员会旧址暨毛泽东、杨开慧故居前有两口池塘，池水清澈明亮，故名清水塘。中国共产党创建初期，清水塘人文荟萃，有"革命摇篮"之称。

清水塘街道办事处驻有省政协、省交通厅、省博物院、省体育局、省新闻出版局、烈士公园等驻区单位 80 余个。现有旅游地烈士公园、清水塘古玩文物市场、芙蓉路商业金融一条街、展览馆路会展餐饮一条街、体育馆路体育用品一条街，学校有长沙市一中、清水塘小学。清水塘街道是集餐饮娱乐业、文化体育业、旅游会展业于一体的历史文化街区。

清末民初，现清水塘街道境域属永安团，驻汤公庙。清水塘街道 1952 年属新村路街道，1955 年改称炮队坪街道，1960 年改为清水塘公社炮队坪分社，1968 年更名清水塘街道。

清水塘街道下辖四季花城社区、便河边社区、芙蓉路社区、清水塘社区、迎宾路社区、展览馆路社区 6 个社区。

中共湘区委员会旧址暨毛泽东、杨开慧故居

中共湘区委员会旧址暨毛泽东、杨开慧故居，位于清水塘街道所辖的八一路。

中共湘区委员会旧址是中国共产党第一个省委所在地。中共一大之后，毛泽东和何叔衡回到长沙。1921 年 10 月 10 日成立中国共产党湖南支部，次年 5 月底成立中共湘区执行委员会，毛泽东任书记，委员有何叔衡、易礼容、李立三、郭亮、刘少奇等，区委机关设在清水塘 22 号。旧址茅屋是商

人陶树青在1921年秋所建，1921年冬由易礼容经手租下这栋房子，毛泽东作为一师教职员以署名毛石山的名义，住进了这栋两进三开间砖木结构房屋。对于毛泽东来说，这里是他和夫人杨开慧温馨的家，也是党的秘密办公地点。1920年冬毛泽东与杨开慧结婚后，至1923年间就住在这栋房子里，毛岸英、毛岸青兄弟先后在这里出生。

旧址坐北朝南，前后有庭院围墙，东边围墙开有双扇板门，围墙与前后屋檐合抱成两个小院，前院25平方米，后院6平方米。房屋为砖木结构平房，小青瓦，硬山顶，高6.7米，建筑面积118.10平方米，共有大小房屋9间，现均按原状布置陈列。前院中间进门为堂屋，四扇花格木门组成堂屋前墙，室内靠后墙置红漆方桌一张，悬挂着毛泽东1924年的照片。堂屋两边为正房。东前房是毛泽东和夫人杨开慧的住房，房内陈列着红漆架式雕花大床、书桌、文具及藤编书架。书架上方墙上挂着杨开慧和儿子毛岸英、毛岸青1923年的合影。东后房是杨开慧母亲杨老夫人的住房，毛岸英在这里出生。西边前房是易礼容的住房，也是党内其他人员临时住宿的地方。西后房为会议室，中共湘区的会议多在这里召开，有时亦作住房，李达即曾在此居住。

在毛泽东领导下，中共湘区委员会广泛传播马克思主义，大力开展工人运动，领导反帝反封建斗争，推动了全国革命运动的迅速发展。1922年下半年至1923年4月，中共湘区委员会组织了粤汉铁路、安源路矿、长沙泥木、水口山铅锌矿等十几次工人大罢工斗争，掀起了湘区工人斗争高潮。1923年春，中共湘区委员会派工人党员到衡山县岳北地区开展农民运动，到1923年，湘区有7个县和地方建立了共产党的组织，有15个县和地方建立了社会主义青年团的组织。1923年4月间，毛泽东奉调离湘，前往上海党中央工作，李维汉接任中共湘区委员会书记，区委机关亦移往他处。

中共湘区委员会旧址暨毛泽东、杨开慧故居是长沙经历文夕大火后唯一幸存的关于中共革命历史的建筑物。

1951年，长沙市对旧址进行修缮，之后按原有室内陈设恢复原状并对外开放。1957年，湖南省人民委员会公布为湖南省文物保护单位，1969年，复原周边环境。2001年6月，被中共中央宣传部公布为全国爱国主义教育示范基地。2003年12月26日，为纪念毛泽东110周年诞辰，将"中共湘区委员会旧址"重新冠名为"中共湘区委员会旧址暨毛泽东、杨开慧故居"。2006年5月，被国务院公布为全国文物保护单位。

中国共产党长沙历史馆

中国共产党长沙历史馆位于长沙市八一路538号清水塘中共湘区委员会旧址大院，总占地面积约4万平方米。大院内包括中共湘区委员会旧址暨毛泽东、杨开慧故居，毛泽东塑像，毛泽东诗词对联书法艺术碑廊，中国共产党长沙历史陈列大楼等。

馆内"长岛人歌动地诗——中国共产党长沙历史陈列"共分为六个部分，包括"建党先声　苍茫大地主沉浮""浴血奋斗　峥嵘岁月铸丰碑""接管建政　全面建设开新局""改革开放　高歌猛进奔小康""逐梦前行　阔步奋进新时代""群星璀璨　名人荟萃展风采"。

中国共产党长沙历史馆占地面积约4万平方米，建筑面积1.02万平方米，展陈面积6700平方米。馆内除"长岛人歌动地诗"陈列之外，还有"湘区丰碑"专题陈列、毛泽东诗词对联书法艺术碑廊等景点，全面系统地展示了中国共产党在长沙波澜壮阔的革命岁月和领导长沙取得繁荣发展的伟大历史成就。

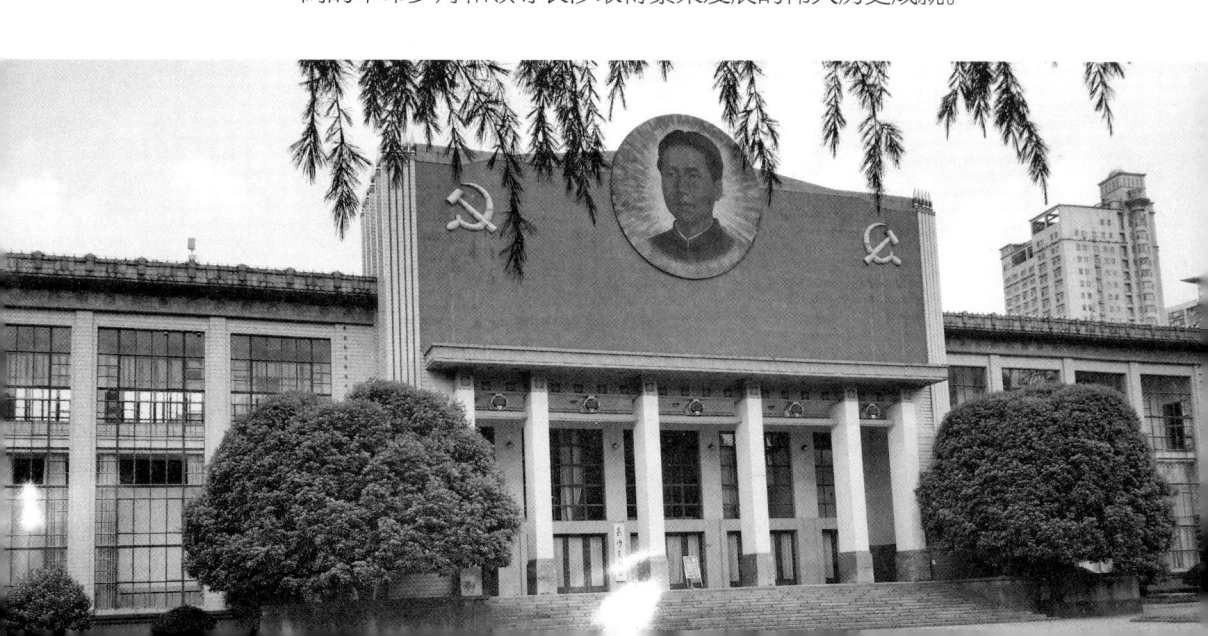

洪家关白族乡

洪家关白族乡简介

　　洪家关白族乡地处张家界市桑植县，距离桑植县城13千米，是贺龙元帅的故乡。当地居民很多是从云南迁来的白族后裔。1916年正月，贺龙邀了一群农民兄弟，以两把菜刀起家，捣毁了芭茅溪盐税局，得到12条枪，从此走上革命道路。1928年贺龙参加南昌起义后，回到老家拉队伍，立寨子，闹红军，成立了工农红军，队伍发展到3000人，壮大了革命力量，

是为红二军团前身。后来红六军团从湘赣根据地长征到此，建立了湘鄂川黔革命根据地，二、六军团合起来就是红二方面军。洪家关是红二军团的发源地，是一个具有革命历史的特色山镇。

如今的洪家关积极推进乡村振兴，现代农业蓬勃兴起，建设了蔬菜生产基地、猕猴桃采摘基地、稻田公园，占地面积近7万平方米，项目总投资1000万元，系现代农业园区的大工程，集生产发展、观光体验、农业科普、餐饮旅游于一体，已经成为张家界乃至大湘西发展现代农业的新亮点。

贺龙：两把菜刀闹革命

贺龙，原名贺文常，字云卿。湖南桑植县洪家关人。伟大的无产阶级革命家、军事家，中国人民解放军的创始人和主要领导者之一。他在半个多世纪的革命斗争生涯中，为中国的旧民主主义革命、新民主主义革命、社会主义革命和建设，作出了重要贡献，建立了不朽功勋。

贺龙是中国共产党、中华人民共和国和中国人民解放军的一位卓越领导人。1955年被授予中华人民共和国元帅军衔和一级八一勋章、一级独立自由勋章、一级解放勋章。

"走，把芭茅溪盐税局的枪，给提了！"1916年3月17日，年仅20岁的贺龙用一个"提"字，将居高临下的自信、轻松自如的从容、手到擒来的气魄，淋漓尽致地展现在我们面前。

芭茅溪，是深藏在张家界市桑植县山窝窝里的一个小镇，与湖北鹤峰毗邻相接。清末民初，在这里设立盐税局，控制川盐入湘，盘剥过往客商。

这年春，贺龙回到家乡。此前，他加入中华革命党，追随孙中山先生进行民主革命。两年的兵运工作，让贺龙懂得：一千条一万条，只有一条管用，手里要有枪。枪从哪里来？贺龙想到了芭茅溪盐税局，当年赶骡马途经这里，饱受盘剥。

两天时间，贺龙邀约上20名乡邻好友。有医术高明的贺勋臣，有武艺高强的贺占卿、韦寿荣、韦敬斋、王金门、王云州、彭栋庭、李月之，有"豹子"之称的屈云成、王占彪，有机智果敢的孙湘庭、韦寿卿、周玉卿、陈星之，有快步如飞的侯春之，有从永顺逃荒而来的李大成，有中华革命党派来的冉凤梧、陈玉清、田子云、黄少云。21个人，聚在一起，摩拳擦掌，跃跃欲试。

傍晚时分，贺龙、贺勋臣、韦敬斋等人，带上菜刀、柴刀、马刀等简陋武器，从洪家关的永安桥头出发，沿着蜿蜒山道，一路疾行，奔赴45千米外的芭茅溪。

午夜时分，来到芭茅溪1000米外的杨家咀，和先前派来侦察情况的贺占卿会合并得知：局长李佩卿被请到郁家喝酒去了，仅剩税警队长、司称、税警等人。贺龙决定，分兵三路，一路包围房子后面，一路点燃火把，一路撞开大门。二更时分，贺龙等用撞杆迅猛撞开大门，贺勋臣迅速点燃油纸伞，大家蜂拥般冲进盐税局。

税警队长姜玉清举枪问道："什么人，干什么？"

贺龙说："我是赶马的贺云卿，今天特来算账取欠条！"

说话间，王占彪一马刀劈去，把姜玉清的枪筒劈成两截。姜玉清拿起一根齐眉棍反抗，贺龙提起一把椅子砸过去。姜玉清体力不支，想跳窗逃走。贺龙拿起菜刀，越窗而下，手起刀落，结束了他的性命。与此同时，司称被砍死，负隅顽抗的税警被砍伤。

一场搏杀，缴获12支九子毛瑟枪、1000多斤盐巴、1000多斤粮食、1000多块银元，烧毁盐局账本。贺龙将盐巴和粮食委托当地的朋友，分发给穷苦百姓。子时和丑时交接之时，刀劈盐税局胜利完成。

正要往回撤，突然有人说道："还有一个人没杀。"

"谁没杀？"

"盐税局局长，没杀。"

杀，还是不杀？这对于20岁的贺龙来说，是一个考量。

贺龙想了想，说："不能杀。"

"为什么不能杀？"

贺龙接着说："我们不能树敌过多。"

"不能树敌过多。"今天，细细品读，从某种意义上来说，是贺龙元帅统战思想的萌芽。

三天后，贺龙率领这支民军队伍回到洪家关。月底，贺龙打出"讨袁军"旗号，任总指挥。贺龙举旗讨袁，轰动桑植，县城知事弃城而逃。4月上旬，贺龙率领民军队伍占领县城，名声大震。

此时，蔡锷云南首义后，湖南于4月中旬成立了护国军，湘西十六县相继宣布独立。湘西护国军左翼司令罗剑仇将桑植民军队伍编成四个营，贺龙被委任为湘西护国军第一梯团第二

营营长。贺龙所部正式编入护国军序列。

多年来,贺龙"两把菜刀闹革命"的事迹广为流传。1927年9月,毛泽东领导秋收起义军在三湾改编时说:"贺龙同志两把菜刀起家,现在当军长,带了一军人。我们现在不只两把菜刀,我们有两营人,还怕干不起来吗?"

从此,贺龙"两把菜刀闹革命"的故事,成为革命队伍中的美谈。

洪家关的老百姓前赴后继参加革命,牺牲的英烈数不胜数。

翻开英烈名录,耸立在我们面前的是一座又一座英雄的雕像:贺士道,贺龙的父亲,1920年牺牲在桑植;贺文棠,贺龙的弟弟,1920年牺牲在桑植;贺英,贺龙的大姐,1933年牺牲在长湾;贺戊妹,贺龙的二姐,1933年牺牲在长湾;贺满姑,贺龙的四妹,1928年牺牲在桑植梭场坪;贺文新,贺龙的堂弟,护旗兵班长,1928年为了向贺龙送紧急情报活活累死途中……一一数去,清一色的贺姓英烈,清一色贺龙家谱中有名有姓的英雄。仅北伐革命到红军长征胜利这段时间,光贺姓英烈就多达89人。

不论遇到多大危险，不论付出多么大的牺牲，贺家宗亲族人都矢志不改地跟着贺龙继续革命。最能见证这一点的是贺龙的出生地洪家关。这个小小的湘西古镇，因为贺龙而曾三次遭血洗之灾。

第一次是1919年，贺龙带讨袁护国军驻防桑植，因开展破除迷信、保境安民活动，触怒了当地封建恶势力，洪家关遭血洗。贺龙的堂侄贺连元家先遭劫难，匪徒抓住贺连元之妻郭三妹，先向她头部猛砍一刀，右耳被割掉，接着又朝她身上乱砍21刀，扔进河中，两个儿子和大女儿全部被砍死，年仅6个月的小女儿被活活摔死。一夜烧杀，贺姓族人遇难30多人，受害者48家。

在贺龙率部参加南昌起义之后，洪家关又两次遭受敌人大规模摧残，一次发生在1928年土地革命时期，敌人对洪家关进行了疯狂的烧杀屠戮。另一次发生在红军长征开始后，在"诛灭贺龙九族，鸡犬不留"的叫嚣声中，"铲共"义勇队和"清乡"队所到之处，十室九空。据不完全统计，红军长征走后，洪家关外逃他乡的就多达36户，贺氏族人被杀害的多达80多人。然而，敌人的残杀却摧不垮贺龙故乡人的革命意志，在桑植、在洪家关，"跟着贺龙闹革命"是一句湘西人自豪地喊了数十年的口号，贺龙，是湘西乡亲们的光荣。当年，洪家关的青壮年，无论男女，能扛枪打仗的，几乎全都加入了贺龙的队伍。有一个数据可以为证，革命战争年代，仅桑植县为国捐躯的团以上指挥员就有70余人。

贺龙故居

洪家关村的贺龙故居，是一栋坐北朝南、四扇三间的普通木房，原是贺龙祖父贺良仕于清朝道光年间修建的，后为贺龙的父亲贺仕道所继承。贺龙和他的姐姐、妹妹、弟弟都出生在这里，并在这里度过了他们的童年和青少年时期。由于贺家人口多，贺龙父亲将这三间房用木板隔成六间。正中一间为堂屋，门首红底金字匾额上的"贺龙故居"四个字为邓小平手书。堂屋前间过去是供奉家神和红白喜事用的厅堂，这里置放贺龙元帅身穿戎装的半身铜像。堂屋后面是退房，是贺龙姐姐和妹妹的卧室。左前间为火炕屋，冬天，全家人就在这间屋里生火取暖，来人来客，也都招呼在这里就座。1916春，贺龙与联络的20个人就在这火坑屋里商量过袭击芭茅溪盐税局的事。后面是贺

龙父母的卧室。当地有个习俗，认为堂屋是左边为大（也叫东头，但它不是表示方位的），应住长辈。客人来了，为表示尊敬，也请在这里就座。堂屋右边前间是厨房，后面是贺龙和他弟弟贺文掌的卧室。凡卧室都陈列有木床、被褥、蚊帐、木箱、书桌、靠椅、灯盏架和女人做鞋用的竹篮、洗衣棒等各种常用器物。故居右边这栋房是骡马房，贺龙十多岁时为了谋生曾当过骡马客，在这里关养骡马。这里陈列有贺龙当年用过的马鞍、马鞭和斗笠。

1919年，由贺龙祖父修建的这栋普通民房被反动"神后"烧毁，不久由贺龙父亲重修，到1925年又被当地反动团防陈策勋拆毁，只剩下槽门和一壁残墙。"文化大革命"时期贺龙遭到诬害被打倒，剩下的残墙也被捣毁，屋基被平整为稻田。贺龙故居是1977年省县两级政府拨款，按旧居原貌修复的。1983年，湖南省人民政府将贺龙故居列入重点文物保护单位。2006年，贺龙故居被国务院批准列入第六批全国重点文物保护名单。2016年12月，贺龙故居被列入《全国红色旅游经典景区名录》。

文家市镇

文家市镇简介

　　文家市镇是浏阳市南部地处湘赣边界的一个小镇，地处两省三市交界处，人口4.7万人，总面积148平方千米，距省会长沙市100多千米，毗邻江西万载县、宜春市、上栗县。S310省道横贯全镇，地理位置优越，交通便捷，是浏阳的边陲重镇、经济大镇和文明新镇，更是湖南省第一个财税超过1亿元的乡镇。

　　文家市镇属九岭山脉西南延伸部分。地势自东向西倾斜，地形切割强烈，岭谷相间，由东北向西南排列，纵横绵长，构成天然屏障，是"七山一水二分田"的山地丘陵地区。境内沙溪河属南川河上游，自东向西流经全境，沿河两岸为冲积平地，土壤肥沃，是主要的产粮区。全镇年平均气温为17℃，四季分明，雨量充沛，环境优美，气候宜人。

　　文家市镇森林覆盖率高，植被茂密，共有山林面积1683公顷，牧业用地面积671公顷，林木蓄积量为36500立方米。

丰富的山林不仅造就了良好的自然环境,而且形成了优美的风景区。如"文家市大捷"战地高升岭,山形峻拔,植被丰茂,鸟语花香,风景如画,加上陈大真人庙、半山亭等人文景点,形成胜地名山独特的魅力,引来众多游人;浏(阳)万(载)界山许阜尖山峰高耸,青葱苍郁,怪石嶙峋;发源于境内山地的南川河上游沙溪河终年清澈,如一条玉带环抱着美丽的文家市镇;还有盘古庙后种于清代的树龄达200多年的重阳木,枝繁叶茂,苍劲葱茏,荫庇整座庙宇。2002年,文家市镇被列为国家生态效益林保护区。

秋收起义会师

文家市人民历来热爱祖国,心忧天下,早在20世纪初,即有陈绍休、陈绍常等走出山区看世界,远赴长沙乃至法国等地求学，并参加了毛泽东、蔡和森等组织的新民学会，寻求救国救民之真理。1917年，陈绍休等邀请毛泽东来文家市作社会调查，从此，文家市便播下了革命的火种。大革命时期，文家市人民积极支援北伐斗争，文家市子弟踊跃参加北伐军，其中不少人在战斗中英勇牺牲。大革命失败后，1927年9月19日，毛泽东率领秋收起义部队在文家市进行会师，擎起了工农革命军的第一面红旗，并从这里走向井冈山，开辟了有中国特色的"农村包围城市"的革命道路，迈出了中国革命成功关键的一步。1930年，毛泽东、朱德率领红一军团来到文家市，并在高升岭、九峰寺等地巧妙设伏，全歼戴斗垣旅。敌军上自旅长下至马夫一个也没跑掉，取得了红一军团战史上第一次全歼敌人一个整旅的辉煌战绩。文家市大捷成为我党、我军初建时期毛泽东军事理论的一次重大实践，为红一方面军的建立奠定了基础。

在艰苦卓绝的革命战争年代，文家市人民为新中国的诞生奉献了成百上千的优秀儿女，涌现出了孙发力、陈绍常、陈绍休以及浏南红军游击队队长蔺常璋等革命先烈。从这里走出的杨勇以其英勇善战而成为我党我军的著名将领，1955年被授予上将军衔。无产阶级革命家、曾任党的总书记的胡耀邦也曾在文家市就读，并在文家市共产党员陈世乔等的教育、影响下走上革命道路。至今仍保存在刘家祠堂、河口大屋等地的大量红军标语和传唱在民间的《春锣词》等即是当年文家市轰轰烈烈革命斗争的历史见证。

1927年9月9日，34岁的毛泽东领导的秋收起义在湘赣边界爆发。枪炮震天，旌旗猎猎。起义部队一鼓作气向西挺进，目标直取省城长沙。部队途中受挫，前委会只得临时放弃攻打

长沙的计划。

9月19日，3路起义部队集结文家市。在这里，我党打出了工农革命军第一面鲜艳的镰刀铁锤红旗。

当晚，前敌委员会在里仁学校召开会议，作出了一个事关中国革命前途的重大决定：根据敌强我弱的情势，改变攻打长沙的计划，到敌人统治力量薄弱的农村去，开展武装斗争，建立革命根据地。自此，中国革命走上了"农村包围城市，武装夺取政权"的光明大道。这里，也成了中国革命的战略转折点。文家市点燃的"星星之火"，最终在全国形成"燎原"之势。

秋收起义纪念馆、里仁学校

"军叫工农革命，旗号镰刀斧头。匡庐一带不停留，要向潇湘直进。地主重重压迫，农民个个同仇。秋收时节暮云愁，霹雳一声暴动。"

　　文家市镇内的秋收起义纪念馆大厅右侧,毛泽东的这首《西江月·秋收起义》记录了一段血与火的历史,将当时的革命形势写得气势磅礴与荡气回肠。

　　秋收起义纪念馆与里仁学校连为一体。

　　里仁学校建于 1841 年。初名为文华书院,1912 年更名为里仁学校。尽管经历了 100 多年的风雨剥蚀,也仍然气势不改。

　　据里仁学校校志记载,中国共产党历史上的著名人物张国焘、罗章龙等曾在这里执教。1926 年,时任校长陈世乔在这里建立了文家市第一个共产党支部,领导当地的革命斗争。

　　现在的里仁学校经过翻修,外观整洁气派。校门口还可见到那个年代留下来的一些标语,大多写于 1927 年到 1930 年间。"建立工农政权""打土豪分田地""红军万岁"……今天,这些标语仍不禁让人联想到当年此地的风云际会。

　　在里仁学校一个有些隐蔽的小院里,4 间房子一线排开,

从外到里，依次住过杨立三、毛泽东、卢德铭、余洒度等秋收起义的指挥员和参与者。

1927年9月19日晚，在里仁学校后栋的一间教室里，毛泽东主持召开了决定秋收起义部队命运的前敌委员会会议。

会议一开始，大家就围绕起义10天来的战斗情况，你一言我一语议论开了。在讨论下一步"全军进军的方向"这一中心议题时，展开了激烈的辩论。师长余洒度与前敌委员会书记毛泽东意见完全不一致。余洒度认为应继续攻打长沙。毛泽东分析敌强我弱、革命暂时处于低潮的形势后认为，再攻打反动力量强大的省城长沙，无疑是"鸡蛋碰石头"。他力主实施战略撤退，退到敌人统治力量薄弱的农村去，退到湘粤赣三省边境去，坚持农村武装斗争，建立农村革命根据地。

经过耐心解释，毛泽东的主张得到了总指挥卢德铭等大多数前委委员的支持。对于当晚争论的结果，历史早已给出了答案：中国革命由此走出了一条"农村包围城市，武装夺取政权"的发展道路。

在这里，毛泽东召集了1000名英勇青少年，把他们武装起来，他们的武器主要是红缨枪和红色思想。这个会议投票通过继续蔑视所有的地主、所有的反革命势力，决定向敌人实力较弱的地区——井冈山进军，去那里建立革命根据地。

1927年9月20日，嘹亮的军号声将1500多名工农革命军官兵召集到了里仁学校的操场上。

毛泽东站在操坪前的台阶上，面对着工农革命军战士大声说：这次秋收起义虽然受了一点挫折，但算不了什么，重要的是我们要从失败中总结经验教训。反动派并不可怕，只要我们团结得紧，继续勇敢地战斗，最后的胜利一定是我们的。

讲到这里，毛泽东打了个比喻："我们好比一块小石头，蒋介石好比一口大水缸；但只要我们团结紧、打仗勇，我们这块小石头总有一天要打烂蒋介石那口大水缸的！"

他继续说，中国有句老话，万事开头难，要革命就不能怕困难，只要我们咬咬牙，挺过这一关，革命总有出头的一天！

说到这里，战士们拼命地鼓起了掌，笼罩在这支队伍头上的迷雾霎时被吹散。

有两个10岁的学生伢子，与伙伴们趴在操坪院子的墙头上，看到了这难忘的一幕，亲耳聆听了毛泽东带着浓重湘潭口音的激情动员。这两个细伢子，一个就是后来担任过中共中央总书记的胡耀邦，另一个就是英勇善战的开国上将杨勇。

胡耀邦、杨勇这两个表兄弟当时就在里仁学校上学。

2008年，纪念馆工作人员在江西发现了一张珍贵的照片——1929年里仁学校学生集体照。学生正是坐在秋收起义部队召开动员大会的那个操坪里。其中，一个坐在中间穿白衣服的小男孩，就是14岁的胡耀邦；他身边穿着黑色衣服的个头稍高的小男孩，就是杨勇。

文家市，一个在中国革命史上注定要浓墨重彩书写一笔的小镇。

沙洲村

沙洲村简介

　　沙洲村隶属于郴州市汝城县文明瑶族乡，是"半条被子"故事发生地，位于汝城县西部50余千米处。全村总面积0.92平方千米。

　　沙洲村是新农村建设示范村，相继被省市及有关部门授予"湖南省传统村落""湖南省历史文化名村""湖南省生态村""湖南省卫生村"等称号，2016年成功列为"湖南省最美少数民族特色村镇"候选村之一。2019年12月12日，沙洲村入选

"2019年中国美丽休闲乡村"名单。2021年11月，被中共湖南省委实施乡村振兴战略领导小组办公室授予"湖南省省级乡村振兴示范创建村"称号。

村落主要由祠堂、民居、古桥、古井、古庙、古巷道等构成，其建筑选址于山水之间，造型师法自然。巷道、建筑紧凑通融，村落空间变化韵味有致。村落内古建筑结构简单节约，建筑装饰素雅淡秀，村落在外观上给人第一眼的印象就是：青瓦、灰墙、屋角突起的马头墙异彩纷呈，檐饰彩绘、砖雕、雕花格窗交相辉映，斑驳的灰墙黛瓦，隐现出村落昔日的辉煌。村落内古建筑大多为砖墙、木梁架和青砖铺地，建筑材料多为本地木材和砖石，就地取材，价廉物美，属生态环保型低能耗建材。房屋为木架抬梁式，采用"一明两暗三开间"的平面形式。建筑单体雕梁画栋，刻檐飘脊，木雕、石雕、砖雕丰富多彩，山水、人物、花鸟栩栩如生，体现出了湘南古村落的人居环境及其在建造方面的杰出才能和成就，具有较多的历史和艺术价值。

"半条被子"故事

2016年10月21日，在纪念红军长征胜利80周年大会上，习近平总书记深情讲述了沙洲村"半条被子"的故事，他说，一部红军长征史，就是一部反映军民鱼水情深的历史。在湖南汝城县沙洲村，3名女红军借宿徐解秀老人家中，临走时，把自己仅有的一床被子剪下一半给老人留下了。老人说，什么是共产党？共产党就是自己有一条被子，也要剪下半条给老百姓

的人。同人民风雨同舟、血脉相通、生死与共，是中国共产党和红军取得长征胜利的根本保证，也是我们战胜一切困难和风险的根本保证。

1934年11月5日，中央纵队、军委纵队及红军主力分三路，从湖南汝城南出发，沿大坪、新桥、界头、延寿等乡村进军宜章。这三路进军路线都在崇山峻岭中，沿途一山更比一山高，一山更比一山难。

红军面临的形势非常严峻。当时，蒋介石已经基本弄清中央红军主力突围的大方向是西进，与湘西贺龙领导的红军会合。因此，任命湘军头子何健为"追剿"总司令，指挥湘军和蒋系薛岳、周浑元部16个师，专门追击红军。红军在汝城遭到敌军的顽抗，迫于形势只好放弃汝城，翻过大山向宜章进军。汝城有一个文明乡，过去叫文明司。11月6日，红军先头部队进入文明司。11月11日，中革军委主席朱德给在文明司担任卫戍司令的李维汉发电，命令他率部继续钳制敌人，掩护中革军委纵队前进。红军就是这时经过了一个叫沙洲的村子。

11月6日，三名女红军住进村里的妇女徐解秀家里。当天晚上她们四人一块睡在厢房里，盖的是她床上的一块烂棉絮和一条红军的被子。第二天下午，女红军要走了。为了感谢徐解秀，她们把仅有的一条被子剪了一半送给她。徐解秀不忍心，也不敢要。三名红军说："红军同其他当兵的不一样，是共产党领导的，是人民的军队，打敌人就是为了老百姓过上好生活。"

在她们互相推让的时候，红军大部队已经开始翻山。徐解秀和丈夫朱兰芳送她们走过泥泞的田埂，到了山边时，天快黑了。徐解秀不放心，想再送一程，因为是小脚，走路困难，就让丈夫给红军领路。丈夫也跟着红军走了。以后每年这几天，她都要在与女红军分别的山脚下等好久。

红军离开沙洲村后，敌人随后赶来，把全村人都赶到祠堂里，逼大家说出谁给红军做过事，大家都不说，敌人就搜家。女红军留给徐解秀的半床被子也被搜走了，还把她拖到祠堂里跪了半天。

1984年11月7日，重走长征路的《经济日报》记者罗开富在沙洲村见到了已经年过八旬的徐解秀老人。她问罗开富："你能见到红军吗？"罗开富答："能见到。"她说："那就帮我问问，她们说话要算数呀，说好了，打败敌人要来看我的呀！"她说到这里，脸上已流下了泪水。

丈夫和三个女红军走了，徐解秀苦苦等了50多年。那间厢房的陈设也一直是原来的样子。徐解秀还记得临别前女红军对她说过的话："大嫂，天快黑了，你先回家吧。等胜利了，

我们会给你送一条被子来，说不定还送来垫的呢。"徐解秀抹着眼泪说："我已有盖的了，只盼她们能来看看我就好。"

徐解秀说："虽然为了红军留下的半条被子吃了点儿苦，不过也让我明白了一个道理，什么叫红军，什么叫共产党，共产党就是自己只有一条被子，也要给穷苦人半条的人。"

闻听此言，罗开富被感动了，他将这个故事整理成文章后，以《三个红军姑娘在哪里》为题在《经济日报》头版发表了。邓颖超、康克清、蔡畅看完这篇文章表示："悠悠五十载，沧海变桑田。可对那些在革命最艰难的时候帮助过红军的父老乡亲们，我们永远不会忘记。请罗开富同志捎句话——我们也想念大爷、大娘、大哥、大嫂们！"她们还表示，一定要想办法找到徐解秀老人要找的三位女红军姑娘和她的丈夫。

后来罗开富到北京，也跟这三位老红军汇报过。很多老红军都说，"我们会继续帮大娘找，但是在找到之前，你先代我们送一条被子过去，感谢她当年对红军的帮助"。

1991年，当罗开富拿着被子赶到沙洲村时，老太太几天前已经去世了，罗开富跪在那里，说："大娘，我来晚了！"后来她的孙子告诉罗开富，老人临走时还说："你爷爷回来告诉他，不是我不等他了，我等了快60年了，每年都到山边去看，看不来。红军他们肯定是老了来不了了。一定要把路修好，党和政府是最好的，一定要把这些话给后辈传下去。什么叫共产党，共产党就是自己有一条被子，也要剪下半条给老百姓。"

2005年，罗开富利用假期和报社的同事又去给徐解秀老人上坟。到她房间的时候，她孙儿把当年徐解秀给红军烤衣服的火钳送给罗开富。她留下这把火钳为什么，一个是为了想念，另一个是为了找当年的红军。

"半条被子的温暖"专题陈列馆

"半条被子的温暖"专题陈列馆位于"半条被子"故事发生地郴州市汝城县沙洲红色旅游景区，占地面积17440平方米，建筑面积3640平方米，展厅面积2200平方米，为两层湘南民居式建筑，于2017年10月建成并对外开放。

目前陈列馆共收集文物藏品（陈列品）317件（套），其中二级文物1件（邓颖超等国家领导人1996年送给徐解秀的印花被）三级文物6件，参考品和陈列品310件（套）。

"半条被子的温暖"专题陈列馆相继入选第三批全国关心下一代党史国史教育基地、全国妇女爱国主义教育基地、全国爱国主义教育示范基地、湖南省全民国防教育基地、湖南省爱国主义教育基地、湖南省党史教育基地、第一批湖南省委组织部备案的干部党性教育基地、经济日报社"四力"教育实践基地、省直机关党员干部党性教育现场教学点、湖南省民族团结进步教育基地、湖南省发展改革系统党性教育基地等十多个教育基地或教学点。

2020年9月16日，正在湖南考察的习近平总书记首站就来到郴州市汝城县文明瑶族乡沙洲村，参观"半条被子的温暖"专题陈列馆，重温红军过境汝城时"军爱民、民拥军"的感人故事。

荣桓镇

荣桓镇简介

荣桓镇，是衡阳市衡东县下辖镇，地处衡东县东部，东临攸县桃水镇，南接高湖镇、杨林镇，西邻甘溪镇，北交杨桥镇，行政区域面积为 87.1 平方千米。

截至 2020 年 6 月，荣桓镇下辖 1 个社区、7 个行政村：长岭社区，横板村、杉山村、泉龙村、中湖村、南湾村、锡岩村、知塘村，镇人民政府驻长岭村。

荣桓镇是 1989 年机构改革，由原鱼形乡、杉山乡合并而建立的新镇，以罗荣桓元帅的名字而命名，是衡东的东大门。其地貌大体是"六山一水三分田"，是个以农业为主的乡。荣桓镇人杰地灵，自然资源得天独厚，是一个既神秘而又充满神奇的地方。叱咤风云的罗荣桓元帅就诞生在南湾村的一个贫苦农家，罗荣桓故居已修葺一新，是进行革命教育的好地方。天下名山，南岳七十二峰之一的金觉峰也在荣桓镇境内，金觉峰下的锡岩仙洞号称"楚南第一洞"，是个旅游观光的景点。洞

内景致离奇，天然造化，别生一番韵味，古往今来，曾有不少名人志士游览洞天。早在南朝时候，谢灵运就到过此洞，所题的词现在依稀可见。各种有趣传说，流传甚广。荣桓镇除了强农兴乡之外，更主要的是"咬定青山不放松"，大作山里文章。荣桓镇的红枣、板栗颇负盛名。

荣桓镇有着丰富的自然资源，旅游资源开发的潜力也很大，对外的知名度也越来越高。荣桓镇将充分把握好这一有利时机，全方位推进经济发展、社会进步。

2023年1月，湖南省"十四五"乡村振兴示范乡镇创建名单公布，荣桓镇入选。

罗荣桓生平

罗荣桓，1902年11月26日出生于湖南省衡山县（今衡东县）。

从1919年起先后在长沙协均中学和私立青岛大学读书，曾参加反对军阀和帝国主义的爱国活动。1926年秋在私立青岛大学预科毕业后赴广州，旋回家乡组织农民协会，进行反对土豪劣绅的斗争。

1927年4月到武昌中山大学读书，加入中国共产主义青年团，随即转入中国共产党。同年7月被派往鄂南通城从事农民运动，参与组织通城、崇阳农民武装，同年参加鄂南暴动，任党代表。1929年底参加中共第四军第九次代表大会（古田会议），被选为中共红四军前敌委员会委员。

1930年8月，任第四军军委书记兼政治委员。

1932年3月，任第一军团政治部主任。在第一至第四次反"围剿"斗争中，领导部队的政治工作，同时组织部队发动群众，打土豪、分田地、筹粮款、扩大红军队伍。第四次反"围剿"后，改任江西军区政治部主任，总政治部巡视员、动员部部长，曾兼任扩大红军突击队总队长。领导扩红工作成绩卓著。

1934年1月被选为中华苏维埃共和国中央候补执行委员，获红星奖章。同年9月任第八军团政治部主任。1936年6月入中国人民抗日红军大学学习，并兼任培训高级干部的第一科政治委员。

1937年1月任军委后方政治部主任，7月任第一军团政治部主任。

抗日战争初期，任八路军一一五师政治部主任。

1937年9月，率师政治部和少数部队，在晋冀边界的阜平、曲阳、灵寿一带发动群众，组织抗日武装，建立抗日民主政权。

1938年到吕梁山地区，与代师长陈光指挥午城、井沟和薛公岭等战斗，保卫了黄河河防。同年秋参加扩大的中共六届六中全会，随后任一一五师政治委员。

1939年3月初，与陈光率一一五师师部和主力一部进入山东，参与指挥樊坝、梁山等战斗，重创日伪军。他坚决执行中共中央关于在统一战线中坚持独立自主的原则，强调团结抗日的友军和爱国进步人士，孤立和打击制造摩擦的国民党顽固派。他率领的一一五师部队，与山东人民抗日起义武装组成的

八路军山东纵队并肩作战，先后在鲁西、鲁南、冀鲁边、鲁中、滨海地区发动群众，建立抗日民主政权，发展人民武装，巩固和扩大抗日根据地。

1941年8月任山东军政委员会书记。1943年3月任山东军区司令员兼政治委员，一一五师政治委员、代师长，中共中央山东分局书记，统一领导山东抗日民主根据地的党政军工作。

1945年6月，被选为中共第七届中央委员。1949年1月任第四野战军政治委员。他作为中共平津前线总前委委员和人民解放军平津前线政治委员，参与指挥平津战役，主持和平解放北平的谈判工作。1949年5月任第四野战军第一政治委员，1949年6月以后，被任命为中共中央华中局（后为中南局）第二书记，华中军区（后为中南军区）第一政治委员。

1949年9月，出席第一届中国人民政治协商会议，同月当选为中央人民政府委员。

中华人民共和国成立后，任最高人民检察署检察长、政务院政治法律委员会委员。

1950年4月任人民解放军总政治部主任，同年9月兼任总干部管理部部长，开始研究军衔实施的准备工作，并于1953年开始主持上将以下、少将以上将衔评定。

1952年领导筹建人民解放军政治学院，后兼任院长。他善于团结和使用各方面的干部，领导建立干部工作制度，加强干部工作建设。

1954年6月任中央人民政府人民革命军事委员会副主席。

1955年9月被授予中华人民共和国元帅军衔和一级八一勋章、一级独立自由勋章、一级解放勋章。

1955年11月任中共中国人民解放军监察委员会书记。1956年9月,当选为中共第八届中央委员会委员,中央政治局委员。

从1959年12月起,他在中共中央军委还分管民兵工作,曾任人民武装委员会主任,强调民兵工作要在地方党委领导下,围绕生产,结合中心任务进行,进一步明确了和平时期民兵建设的方向。

他从1942年起经常带病指挥作战,1946年曾切除一侧肾脏,之后长期抱病工作。

1963年12月16日病逝于北京。毛泽东在《七律·吊罗荣桓同志》中曾发出"君今不幸离人世,国有疑难可问谁?"的叹息。

罗荣桓故居

罗荣桓故居位于全国重要交通枢纽、中南重镇、历史文化名城衡阳市衡东县荣桓镇南湾村,现为国家AAAA级旅游景区,距衡阳市区38千米,毗邻省道S315和衡炎高速公路,为南岳衡山—洣水—炎帝陵—井冈山黄金旅游线路的重要组成部分。

罗荣桓故居又名异公享祠，建于1914年，是罗荣桓元帅的父亲罗国理为纪念第12代先祖异山公倡建的族祠，三进四厢，房屋20间，占地面积700余平方米，其主体建筑面积406平方米，坐西朝东，砖木结构，单层两进五开间；硬山顶，小青瓦，翘脊飞檐，施风火山墙。由胡耀邦亲笔题写的"罗荣桓故居"熠熠生辉。

修复后的罗荣桓故居，完全保持了原貌。为介绍罗荣桓光辉的一生，故居内设有陈列室，展出珍贵文献、照片和实物150余件。再现了罗荣桓当年的生活情景，恢复了罗荣桓卧室、书房，以及罗荣桓祖母卧室、父母卧室、客厅、健身房、火炉屋、"永隆杂货铺"。

罗荣桓故居纪念馆先后荣获"全国100个红色旅游经典景区""全国爱国主义教育示范基地""国家国防教育示范基地""第四届中国红色旅游市场游客满意十佳景区"等荣誉，景区于2007年跨入国家AAA级旅游景区行列。2011年10月，罗荣桓故居纪念馆被旅游局批准为国家AAAA级旅游景区。

荣桓图书馆

衡东县洣水镇荣桓图书馆是衡阳市唯一经文化部（现文旅部）命名的国家一级县级综合性公共图书馆。图书馆以罗荣桓元帅名字命名，邓小平亲自题写馆名。1996年经县编委定编11人，设参考咨询室、报刊阅览室、外借室暨季恂图书银行、多媒体电子阅览室暨文化信息资源县级分中心、少年儿童图书借阅室、综合图书外借室等6个服务窗口。设办公室、采编室、

辅导室等3个业务工作室。馆舍面积3138平方米，书架总长度4269.8米，藏书13.8万册，拥有固定读者2000多人。

荣桓图书馆于1991年被省文化厅（现省文旅厅）命名为"一级图书馆"。

1992年被国家教委、文化部等八家单位联合授予"全国十年红读活动先进集体"。

1994年、1998年两次被文化部命名"二级图书馆"。

1991年、1994年、1998年连续三次被省文化厅（现省文旅厅）授予"文明图书馆"荣誉称号。

2005年被国家文化部评定为"国家一级图书馆""文明图书馆"。

2005年获市文化局"不朽丰碑"少儿读书活动团体奖。

2006年被市文化局、市人事局评定为"文化工作先进单位"。

在湖南省第四、五届图书馆为社会主义三个文明建设服务成果评比中有7项成果获奖，其中"为农业生产服务""为罗帅百周年诞辰系列活动"等4项成果获二等奖,"为刘爱平科学养猪""为南东有限公司服务"等3项成果获三等奖。

6年来荣获市文化局奖励8项,其中一等奖2项、二等奖3项。在国家专业期刊刊登5篇,国家级学会获二等奖1篇,获三等奖1篇,省级学会获二等奖6篇,三等奖10余篇。

荣桓水库

荣桓水库位于衡东县罗荣桓故居与锡岩仙洞之间,在南岳七十二峰之一的凤凰山脉主峰金觉峰东部。荣桓水库四面青山环绕,林木葱郁,自然植被多,长势良好;水资源非常丰富,水色柔和,清澈见底,水质好,无污染;景区内环境幽雅,风光宜人,气候适宜,冬暖夏凉,是开展水上活动与休闲避暑的一处佳所。

该库于1975年动工兴建,1977年建成,正常蓄水位113.3米,正常库容1043万立方米,死库容35万立方米。主坝最大坝高22.36米,坝顶高程114.8米,坝顶宽5米,副坝最大坝高7.5米,坝顶高程115.02米,坝顶宽7米。该库大坝、副坝于2007年10月进行除险加固,2009年完工,保证了正常蓄水抗旱和防洪。

荣桓中学

衡东县荣桓中学是一所以罗荣桓元帅名字命名的初级中学,始建于1992年,校园总面积5.2万平方米,建筑面积

9680平方米。

荣桓中学地处衡攸交界处，与罗荣桓故居毗邻，位置优越，交通便利，环境优美，设施完善，管理规范。

学校现有教职工28人，其中高级教师2人，一级教师14人，二级教师12人，且年轻老师居多，敬岗爱业，严谨施教，素质高，活力足。

近年来，荣桓中学的教育教学质量稳中有升，教研教改蔚然成风，学生养成教育常抓高效，特色明显。

弼时镇

弼时镇简介

弼时镇隶属于岳阳市汨罗市，地处汨罗市南部，因无产阶级革命家、政治家任弼时出生于该镇而得名。弼时镇东与长沙县开慧乡接壤，西邻川山坪镇，北抵神鼎山镇，行政区域面

积 146.09 平方千米。弼时镇有任弼时同志故居和弼时纪念馆，是著名景点和爱国主义教育基地。

弼时镇坐落在汨罗市东南部，是岳阳市和汨罗市最南端对外交流的窗口，地理位置优越，107 国道、京广高铁穿境而过。这里风景秀美如画，白沙河和湄江河流水潺潺；这里文化底蕴深厚，革命先辈任弼时的骆驼精神在这里代代相传。乡村振兴战略的东风徐来，让这片红色热土迎来发展的春天。

近年来，弼时镇党委、政府围绕"工业新镇、旅游名镇、生态美镇"的工作思路，瞄准"对接长沙桥头堡、汨罗城市副中心、改革创新试验区、开放崛起南大门"的工作目标，努力实现"产业兴旺、生态宜居、乡风文明、治理有效、生活富裕"的总要求，为乡村振兴蓄势添能。

前有池塘，后傍小山，苍松翠竹，环境幽雅，开阔的田野旁坐落着一幢老宅，这里是革命先驱、开国元勋任弼时的故里。素有"汨水东来不二景，长沙北望第一山""三山十洞八平湖"等美誉的玉池山风光旖旎，苍松翠柏、飞瀑流云常常让人流连忘返。在小镇的东边，有"离天三尺三"之称的影珠山翠岗起伏，与玉池山遥遥相望。立足任弼时纪念馆，影珠山、玉池山两个省级风景名胜区，当地正融合"红色"与"绿色"资源，推进文旅深度融合发展。

"先烈回眸应笑慰，擎旗自有后来人。"今日的弼时镇，青山犹在，绿水长流。随着乡村振兴战略的落地实施，弼时镇将进一步推进文旅融合，推进产业园的完善发展，建设红色小镇，大美弼时。

任弼时生平

任弼时(1904—1950)，原名任培国，湖南湘阴（今属汨罗市）人，伟大的马克思主义者，杰出的无产阶级革命家、政治家、组织家，中国共产党和中国人民解放军的卓越领导人，以毛泽东为核心的中国共产党第一代领导集体的重要成员。任弼时5岁跟随父亲读书，7岁进入明德小学，12岁考入长沙师范附属高小，后入长郡中学。在学校他受到五四运动影响，积极参加游行宣传等爱国运动。

1920年，任弼时加入毛泽东、何叔衡组织的俄罗斯研究会。经研究会介绍，到上海参加外国语学社，加入社会主义青年团。1921年，任弼时与刘少奇等人赴苏联东方劳动者共产主义大学学习。1922年初，加入中国共产党。1925年7月，任弼时任共青团中央总书记。1927年，大革命失败后，在八七会议上被选入中央临时政治局，成为党史上最年轻的政治局委员。随后的4年间，他一直从事党的地下工作。在中共五大、六大上当选为中央委员，1931年在中共六届四中全会上当选为中央政治局委员。

1935年11月，任弼时与贺龙等率红二、六军团长征。1936年7月，担任红二方面军的政治委员。同年12月，任中华苏维埃人民共和国中央革命军事委员会委员、主席团成员。长征中，任弼时坚定地拥护以毛泽东为代表的中共中央，同张国焘的分裂行为做斗争，力促红军三大主力胜利会师。

全面抗战爆发后，红军改编为八路军开赴抗战前线，任弼时担任中央军委总政治部主任，1938年3月，代表中共中央赴莫斯科向共产国际汇报中国抗战形势与中国共产党的工作和任务。回到延安后，受党中央委托，任弼时主持《关于若干历史问题的决议》的起草工作。1943年3月，与毛泽东、刘少奇组成以毛泽东为首的中共中央书记处。1945年，在中共七届一中全会上当选为中央政治局委员、书记处书记。

1946年后，任弼时与毛泽东、周恩来一起转战陕北，参与中央重大决策。在西柏坡简陋的指挥所里，他协助毛泽东等指挥了三大战役。1949年春天，任弼时参加了七届二中全会。

1950年10月，应朝鲜劳动党和政府的请求，中共中央作出抗美援朝、保家卫国的战略决策。在此期间，中共中央连日开会，尽管医生规定任弼时到睡眠时间应退席，但对事业和工作恪守着"能坚持走一百步，就不该走九十九步"准则的任弼时，常常工作到深夜。1950年10月25日凌晨，任弼时突发脑出血，27日中午在北京逝世。

从16岁参加革命到46岁英年早逝，在30年的革命生涯里，任弼时始终如一地为党和人民的事业贡献自己的全部心血、才干和精力，被誉为"我们党的骆驼，中国人民的骆驼"。

叶剑英非常中肯和准确地评价说："他是我们党的骆驼，中国人民的骆驼，担负着沉重的担子，走着漫长的艰苦的道路，没有休息，没有享受，没有个人的任何计较。他是杰出的共产主义者，是我们党最好的党员，是我们的模范。"

中国共产党创建几个月后，就有一位不满17岁的青年成为党员——此后他以钢铁般的意志和刻苦耐劳的精神奋斗 30 年，并在 40 年代与毛、刘、周、朱并列，成为领导全党的五大书记之一，这就是任弼时。他虽英年早逝，其精神却在党内影响至深。

任弼时同志故居

任弼时同志故居位于汨罗市弼时镇唐家桥村新屋里。1904 年 4 月 30 日，任弼时在这里出生，并在此读完小学，度过童年和少年时代。

任弼时同志故居系砖木结构，为三进三间两偏屋，九个坍池，占地 3800 平方米，共有大小房屋 37 间，全部房屋为青瓦覆盖，三合土地面，属典型的清代江南院落民居。故居坐东朝西，青砖落地，飞檐峭壁，背依山丘，门临池塘，院内古树参天，四周竹木林立，中堂门额下"望重龙门""光照壁水"两块御匾，昭示着这书香门第昔日的辉煌与荣耀。大门上方挂有邓小平 1980 年手书的"任弼时同志故居"黑底金字匾；两端为马头山墙，北、西、南三面砌有土坯围墙。围墙内，大

门前有一圆池，水面约 700 平方米。屋后有 2 万平方米山林，林中有任弼时母亲坟墓。

堂屋陈列着任弼时仿铜石膏胸像，两边墙壁挂有毛泽东等中央领导人亲笔题词。毛泽东的题词是："任弼时同志的革命精神永垂不朽"；中厅悬有赵朴初手书"浩气长存"巨匾；正厅设纪念室，挂有任弼时遗像，并陈列有任弼时逝世时机关、团体、学校敬献的花圈。北屋是任弼时家的住房，在任弼时父母的卧室里，陈列有床铺、书桌、大柜、茶桌、纺车、镜盆。在任弼时童年的卧室里，陈列有他用过的书桌、椅子和床铺。任弼时夫人陈琮英的卧室陈列有床铺、大柜、茶桌。火房、厨房、餐厅都陈列有各种炊具、用具。

南面堂屋于 1988 年拆除并改建为 4 间陈列室，分 6 个部分：忧国忧民探求中国革命真理；反帝救亡领导革命青年运动；西征北上夺取长征胜利；坚持抗战宣传党的正确路线；竭尽心力参与党中央重大决策；骆驼精神在人民心中永放光芒。

1956 年，湖南省人民政府将任弼时同志故居公布为省级重点文物保护单位；1978 年正式批准对外开放；1988 年 1 月 13 日，国务院公布为全国重点文物保护单位，并拨款进行全面维修。1989 年 4 月 27 日，党和国家领导人王震、余秋里、廖汉生等参加了任弼时铜像（现已移至任弼时纪念馆）揭幕仪式。1991 年 3 月 15 日，江泽民亲临故居瞻仰，并亲笔题词"发扬为了党和人民的事业不辞重负奋力前行的骆驼精神"。1993 年省政府特地批准，将任弼时同志故居由原来的股级事业单位升为副处级事业单位。2003 年 10 月，胡锦涛来故居参观，并留下亲笔题名。2004 年 4 月正式升格为正处级事业单位，并收到朱镕基题词"无限忠诚的共产主义战士，无私奉献的卓越领导人"。据不完全统计，故居从 1978 年开放至今，来自社会各界的参观者、凭吊者已超过 200 万人。

任弼时纪念馆

任弼时纪念馆位于汨罗市弼时镇唐家桥村，因纪念革命先辈、开国元勋任弼时而得名。

任弼时纪念馆景区面积达 8 万平方米，由铜像广场、任弼时生平业绩陈列馆、任弼时同志故居、游客服务中心四大部分组成。

铜像广场占地面积为 2500 平方米，广场前方为题有毛泽东的"任弼时同志的革命精神永垂不朽"的高大幕墙，中央为 7.1 米高的任弼时铜像。广场雄伟开阔，是开展纪念活动的主要场所。

广场左侧是任弼时生平业绩展览馆，总面积为 3600 平方米，由展览厅、演播厅、贵宾室等组成。展览面积 1200 平方米，共展出文物 74 件，图片 256 张，分 6 个专题，采用图文、实物、蜡像、雕塑，以及高科技声、光、电、多媒体、电视、电影等综合技术，生动地再现了任弼时忧国忧民、追求真理、脚踏实地、不辞重负的骆驼精神和为革命事业不息奋斗、光辉灿烂的一生。

纪念馆拥有 5 块国家级荣誉"牌子"（全国爱国主义教育示范基地、全国红色旅游经典景区、全国重点文物保护单位、国家 AAAA 级旅游景区、国家二级博物馆），拥有 4 个全国性学术平台（中国中共党史学会会员单位、中国中共文献研究

会理事单位、中国博物馆协会会员单位、中国旅游行业协作会会员单位），运营一个任弼时研究中心。任弼时纪念馆也是省市纪检部门的"廉政文化教育基地"、岳阳市委组织部的"党员干部骆驼精神教育基地"。

1998年3月，任弼时纪念馆开始筹建；同年5月，成立任弼时纪念馆筹备小组。2000年4月28日，任弼时纪念馆举行奠基典礼。2003年4月，任弼时纪念馆建成开放。2014年4月，任弼时110周年诞辰前夕完成了提质改造。

弼时中学

弼时中学始建于1912年，当时为任氏族学，随着历史的变迁，先后更名为"求志学堂""同德小学""塾塘乡中心小学""湘阴县第十三完全小学""唐家桥完小"。到1968年，正式创办初中，定名为弼时中学，辖原来的栗桥分校（旧称五七中学）

和 20 世纪 70 年代的村办初中班。

校园占地面积 5 万余平方米，现有教学班 38 个，学生 1961 人，教职工 145 人，教师专业合格率达 100%，其中高级教师有 12 人，市级名师 5 人，地级优秀班主任 3 人，地级骨干教师 4 人，市级优秀班主任 3 人，市级"师德标兵"3 人。先后获得教育部"百县农村综合改革实验学校"、湖南省实验教学先进单位、岳阳市级文明学校等荣誉称号。

2012 年 10 月是弼时中学的百岁华诞，汨罗市委市政府、弼时镇党委政府非常重视，为此成立了弼时中学百年校庆筹备委员会，并在此次活动中打出了响亮的口号：举全镇之力，聚全民之智，努力将弼时中学打造成湖湘名校。

开慧镇

开慧镇简介

开慧镇，隶属于长沙市长沙县，地处长沙县北部，东与平江县向家镇接壤，南邻福临镇，西与汨罗市李家镇相接，北与汨罗市相连，距长沙县城45千米，区域总面积为114.75平方千米。

清朝时，属清泰都；2011年3月，由开慧乡改为开慧镇。2015年，开慧镇和白沙镇成建制合并设立新的开慧镇。截至2020年6月，开慧镇下辖2个社区、8个行政村，镇人民政府驻板仓社区。

截至2019年末，开慧镇有工业企业33个，其中规模以上企业3个，有营业面积超过50平方米的综合商店或超市2个。

因文旅而兴，因文旅而名。近年来，开慧镇以文旅融合发展为龙头，以红色为主色，打造"红＋绿"（绿色生态）、"红＋蓝"（蓝色航空）、"红＋橙"（橙色教育）的发展新业态。

据统计，开慧镇近两年年均接待游客超200万人次，带

动多业发展，实现旅游综合收入近10亿元。

近年来，长沙县将文化旅游业作为富民强县的支柱产业，锚定打造文旅融合样板区发展目标，争创国家文旅融合高质量发展示范县。作为"湖南省特色文旅小镇""全国乡村旅游重点镇"的开慧镇走在了乡村旅游发展的前列。

开慧镇将坚持"1345"发展思路，深入推进落实"四个年"行动，加速打造乡村振兴标杆镇、文旅融合样板镇、共同富裕先行镇。

开慧村简介

开慧村地处长沙县北部，是毛泽东亲密战友和夫人杨开慧烈士的故乡。村域总面积10.08平方千米，其中耕地面积1.95平方千米，山林4.54平方千米。拥有36个村民小组，960户

3248人;有6个党小组,119名党员。村域有国家AAAA级景点杨开慧纪念馆,有开慧湘绣、"享得好"蔬菜基地、花卉苗木基地等民营企业,有小商户90余家,小加工户10余户,2012年人均纯收入7800元。

开慧村是长沙市县两级新农村建设和城乡一体化建设示范村。长沙县委、县政府将开慧村作为探索农村新型集体经济有效实现形式的实验村。开慧村先后获评省级生态村、省级民主法治示范村、长沙市文明村、长沙市城乡一体化先进单位、长沙县人民满意村。2019年6月6日,国家林业和草原局将开慧村列入第五批中国传统村落名录。

2021年3月25日,被湖南省文明委授予"2020届湖南省文明村镇"称号。

2021年6月7日,开慧村党总支成为"湖南省先进基层党组织"拟表彰对象。

2021年9月30日,被中共湖南省委农村工作领导小组办公室、湖南省农业农村厅表彰为"湖南省2021年村庄清洁行动先进单位"。

2021年11月,被推介为2021年中国美丽休闲乡村。

2021年11月,被中共湖南省委实施乡村振兴战略领导小组办公室评为"湖南省省级乡村振兴示范创建村"。

杨开慧生平

杨开慧1901年出身于知识分子家庭,父亲杨昌济是近现代伦理学家、教育家,先后任教于湖南省第一师范学校(现湖南第一师范学院)、北京大学。青少年时代的杨开慧本来可以过衣食无忧的生活,但她见国衰民困,因而毅然投身于救国救民之路,1920年与志同道合的毛泽东在长沙结婚,1921年加入中国共产党,是党史上第二位入党的女性。1930年被国民党反动派杀害，年仅 29 岁。

1927 年秋的一天晚上，在板仓老家，杨开慧醒来时发现丈夫毛泽东不见了。她似乎预感到了什么，即刻起身寻找丈夫，在客厅看见毛泽东留给她的一封信及几块银元。她旋即从房里追出去呼唤即将踏上领导秋收起义征程的毛泽东。还好走出不远，她追上了丈夫。杨开慧怕丈夫在外忍饥挨饿，趁毛泽东不注意，将那几块银元又偷偷地塞进毛泽东的口袋里。毛泽东说："等我安顿好了，再来接你与孩子。"杨开慧深情地望着毛泽东说："我等你回来……"然而毛泽东与杨开慧都不曾想到这一别竟是永别——自从毛泽东踏上秋收起义的征途后，便再没有机会回家看一眼深爱自己的杨开慧及孩子们。

杨开慧原本的愿望是随毛泽东参加秋收起义，但她此时已是三个孩子的母亲，便不得不到她娘家长沙附近的板仓隐蔽起来，从此她与毛泽东天各一方。长沙的反动力量极其强大，而由于板仓离长沙太近，杨开慧的处境十分危险。敌人早已知道她是秋收起义领导人毛泽东的妻子，多次去她老家板仓搜捕。她只好乔装打扮，带着三个孩子并让孩子们自称姓杨，在几个亲戚家来回转移。

湘女本柔情，因信仰而刚强。有一次，杨开慧乔装潜入长沙城，然而眼前的一幕让她震惊不已——敌人抓住了女红军战士、朱德的妻子伍若兰，并将她放在长沙司门口枭首示众，其状甚惨。为了革命事业，她自己头可抛、血可洒，但一想到才 8 岁的毛岸英、7 岁的毛岸青、3 岁的毛岸龙，以及她慈祥的母亲，那颗柔软的充满慈爱的母性之心便在滴血。她思前想后，决定将三个孩子托付给她十分信任的堂弟杨开明,并给他写了一封情真意切的"托孤信":"说到死,本来,我并不惧怕","只有我的母亲和我的小孩呵,我有点可怜他们","我决定把他们——小孩们——托付你们"。从这封信的字里行间来看,一个女共产党员为了共产主义的理想信念而舍弃浓浓亲情,甚至抛头颅洒热血也在所不惜的鲜活形象跃然而出。

在带着孩子躲避敌人搜捕的日子里,她心怀对毛泽东的无尽思念。她写道:"天哪,我总不放心他","一头是他,一头是小孩,谁都拿不开"。这些情感真挚的文字,展现出杨开慧湘女多情的一面,以及她对毛泽东忠贞不渝的爱情,感人至深。

在险境中与敌周旋。1930年8月,中央苏区的红军围攻长沙,但长沙城城墙坚固,更兼湖南军阀何键集结重兵把守,红军失利后撤。红军撤离后,何键在长沙设立"清乡司令部"并自任司令,不仅调用手下大部分力量搜捕共产党人,而且还将长沙一带的地痞流氓组成"铲共义勇队"和"清乡队",用于捕杀共产党人和革命群众。为了抓住杨开慧,何键给出了很高的赏银:谁抓到毛泽东妻子杨开慧,赏1000大洋。何键这一狠招十分奏效,那些贪图钱财的"铲共义勇队"和"清乡队"队员搜捕杨开慧到了几近疯狂的程度,甚至不分白天黑夜反复下乡搜查。有的地痞为了得到赏银,频繁打听,试图探听到杨开慧的下落。情况已经万分危急,杨开慧凭着她的机智,在乡亲们的掩护下,几次变更住所躲过了数次险境。但有个乔装成卖陶罐的密探还是发现了杨开慧的行踪。1930年10月24日晚上,密探带领60多个"清乡队"队员,冲进板仓杨开慧秘密居所，抓捕了杨开慧和8岁的毛岸英，把他们关押在长沙陆军监狱署。

何键原本打算将杨开慧像伍若兰那样，立即斩首悬头于长沙城门，但一个叛徒向何键献计说，不如劝降杨开慧，若劝降成功，则可引来更多的共产党人效法。何键觉得有理，便打算诱降杨开慧。审讯官对杨开慧说，只要她宣布与毛泽东脱离夫妻关系，便立即释放她。然而杨开慧在敌人的威逼和利诱面前，始终不为所动，大义凛然，她说："死不足惜，惟愿润之革命早日成功。"据当年一起被关押的难友杨经武回忆，每次敌人提审杨开慧，她都镇静而严肃。湖南《晚晚报》记者采访杨开慧，对她说："你为何要做共产党？你犯了法晓得吗？"杨开慧正色道："我没有犯法，是何键犯了法。"采访记者劝降她说，只要她悔过自新，就可马上得到自由，然而杨开慧决然回道："我誓不屈服"，"我的生命早不计较，不成功便成仁"。表现出湖湘女杰坚贞不屈、将信仰和气节看成自己的灵魂与生命的崇高精神。

何键见反复劝降杨开慧而不得，遂动了杀心，决定将其"枪决、暴尸三日"。1930年11月14日，敌人将杨开慧押到长沙城北，再到城南，走过长街，震慑示众，然而杨开慧始终镇静坦然，毫无惧色。她镇定自若地走向浏阳门外的识字岭，径直向一处较高的坟茔走去，用沉默以示对敌人的无比愤慨，对共产主义信仰的无比坚定，展现了共产党人大义凛然的英雄气概。罪恶的枪声响后，那片荒草地上被一大片血迹染红了……

杨开慧牺牲后，板仓的乡亲们用一副薄皮棺材悄悄地将其收殓，将英烈的忠骨掩埋于棉花山上，后来立了一块墓碑。在亲友的努力下，毛岸英被保释出狱，与毛岸青、毛岸龙由舅母李崇德护送转移至中共上海地下党组织。"开慧之死，百身莫赎。"毛泽东惊悉杨开慧之噩耗，悲愤至极。

杨开慧在从被捕至牺牲的20多天里，始终忠贞不渝，坚守气节，乃至慷慨就义，展现出共产党员的芬芳气节和湖湘巾帼为了共产主义信仰宁死不屈的浩然之气。

杨开慧纪念馆

杨开慧纪念馆位于开慧镇开慧村，由杨开慧故居、陵园、杨公庙、陈列馆四部分组成，占地8.4万平方米，是中国百家红色旅游经典景区之一、湖南省爱国主义教育基地、湖南省妇女儿童爱国主义教育基地。纪念馆在2007年开始了为期三年的整修，于2010年11月16日起正式免费向社会开放。2011年8月23日，被批准为国家AAAA级旅游景区。

杨开慧故居始建于清末年间，土木结构。占地面积约1400平方米，房舍为上、中、下三进，院内植桂花树和女贞树。1901年11月6日，杨开慧诞生于此。1966年11月维修后开放，并复原陈设杨开慧住房、杨昌济夫妇住房以及毛泽东、杨展等的住房。1983年被公布为湖南省重点文物保护单位。

杨开慧墓位于杨开慧故居右侧棉花坡山头上。1930年11月，杨开慧就义后归葬于此。1959年修建纪念亭、纪念塔于墓前。1967年4月重修墓地并建陵园，占地约1.34万平方米。1969年杨母向振熙与之合穴，新建合葬墓于今地。从山脚至墓区由三层梯形平台相连，墓冢在最上层正方形平台之中，墓碑横置斜放，汉白玉石质，刻楷书碑文"杨开慧烈士之墓"。1983年被重新公布为湖南省重点文物保护单位。

杨公庙为砖木结构建筑，上面覆盖青瓦，走廊用石柱支撑。杨公庙占地1500平方米，分为8个展厅。其中第一、二、三展厅展览了杨开慧生前使用过的一些物品，第四展厅为杨昌济展厅，第五展厅为毛岸英展厅。整个杨公庙共有房间11间，门楼外墙上有灰塑。2005年被公布为湖南省重点文物保护单位。

开慧中学

开慧中学系杨开慧烈士的母校，其前身是创立于1905年的杨公庙官立第四十小学。1954年10月18日，杨公庙学校正式改名为板仓完全小学。1967年11月19日，正式命名为开慧学校。1992年下半年，开慧学校初中部和小学部正式分开，小学部校名为开慧学校，中学部校名为开慧中学。

学校现在总占地面积23053平方米，总建筑面积11950平方米。现有教学班9个，教职工35人。学生374人，其中寄宿学生360人。

学校多年来一直继承和发扬开慧母校的光荣传统，坚持素质育人的办学宗旨，恪守"尚志崇诚、励勤务实"的校训。学校体育工作处于全县先进行列，2014年、2015年、2016年连续三年被评为先进单位；2008年、2009年、2010年、2011年连续四年为县目标管理考核先进单位；教研教改有成效，市级教研课题结题获市二等奖，学校自编校本课程《爱我板仓》受到各级好评；学校教育教学质量处于全县中上水平。开慧中学家长学校被评为"长沙县示范家长学校""长沙市示范家长学校""长沙县留守儿童示范家长学校""长沙市农村留守儿童示范家长学校"。

开慧河

开慧河发源于开慧镇葛家山新建组，流经枫林、飘峰两村，于飘峰村鸭子湖江入汨罗江。以杨开慧烈士名命名，旨在继承先烈遗志，提高河流知名度。名称始于20世纪60年代，沿用至今。开慧河是开慧镇内流域面积最大的河流，流域面积达31平方千米，干流长度约13.2千米，自南向北贯穿整个开慧镇。这条小小的河流哺育着沿岸的数千户居民繁衍生息。

从2012年开始，长沙开慧河流域生态清洁小流域建设项目正式实施。其中一期工程包括连片的13条支沟（集水区），以构建区域水环境保护的"三道防线"（生态修复区、生态治理区和生态保护区）为主要建设目标。

整个项目实施以后，确实达到了水质净化、环境美化和经济增长"三赢"的效果。整个系统对废水中各类污染物的去除率高达99%，水质提高到3类，总磷含量从3类提高到2类，每年拦截的泥沙达100千克/米^2。

雷锋街道

雷锋街道简介

雷锋街道位于长沙市望城区，是雷锋的故乡，也是长沙的西大门，因纪念1962年8月在抚顺因公殉职的共产主义战士、全心全意为人民服务的楷模雷锋烈士而得名。雷锋街道辖4村3社区，总面积62平方千米，总人口32804人。属亚热带季风气候，地形多以丘陵为主，森林覆盖率约为35%。境内金洲大道、枫林西路、长沙市三环线、长张高速公路、望雷大道、黄桥大道、雷高公路、雷莲公路纵横交错，交通便捷。湖南省重点中学雷锋中学、湖南省党史陈列馆、全国爱国主义教育示范基地——雷锋纪念馆、长沙职业技术学院坐落辖区内。

1993年被建设部定为"八五"期间的建设试点集镇，2000年被列为湖南省50个重点建制镇之一。雷锋街道下辖有雷锋社区。1949年湖南和平解放后，成立了安庆乡人民政府，属望城县管辖，后改称黄花塘乡。1993年3月16日改名雷锋镇。从2008年5月起，雷锋镇委托长沙高新技术产业开发区管理。

2015年，根据望城区乡镇区划调整方案，将雷锋镇和廖家坪街道成建制合并成立雷锋街道。2018年，雷锋街道析置成立白马街道。

目前，雷锋街道辖区逐渐形成5个发展片区：一是黄桥大道以东，枫林路以北区域的高新技术产业聚集区；二是黄桥大道以东，枫林路以南、夏鹃路以西的中联智慧产业城片区；三是以城市副中心、高端CBD定位的雷锋科技城片区；四是以雷锋纪念馆、湖南党史陈列馆为中心的雷锋文化小镇核心区；五是黄桥大道以西的美丽乡村生态涵养区。

多年来，雷锋街道积极响应"向雷锋同志学习"的号召，在雷锋故里谱写出一首首道德之歌、文明之歌、创新之歌、发展之歌，雷锋精神在这里永不褪色，已深入每一位"雷锋人"的心中。

雷锋生平

雷锋,原名雷正兴,1940年12月18日出身在长沙市望城县(今望城区雷锋镇)一个贫苦农民家庭。雷锋是一个在苦水中泡大的穷孩子,不满7岁就成了孤儿。为了生活,雷锋不得不经常出去帮人砍柴、挑水、放牛。由于苦难生活的磨炼,雷锋比同龄少年成熟得早一些,滋生了斗争精神。1949年8月,长沙解放,雷锋积极参加儿童团、少先队的活动。1950年夏,乡政府免费送雷锋入学校读书。他先后在东山庙小学、清水塘完小、荷叶坝完小读完高小。雷锋放弃了去县城读中学的机会,主动留在农村参加农业生产,被安排到乡政府当通讯员。

1957年4月,雷锋加入共青团。在县委书记的教诲下,他领悟到一颗普通的"螺丝钉"对于革命"大机器"的重要意义,决心自己的一生要在平凡的工作岗位上做一颗永不生锈的"螺丝钉",永远闪闪发光。

1957年冬,望城县委决心治理沩水,开垦团山湖,打一场水利建设的硬仗。雷锋积极请战,被调到治沩工程指挥部当通讯员。他不顾自己个头矮小,参加抢险战斗,保卫国家财产安全。他带头捐献钱物,为水利工程建设添砖加瓦。他在工地板报上宣传"一滴水、一线阳光、一颗粮食、一颗螺丝钉"的价值,以表达自己"为未来的人类的生活付出你的劳动,使世界一天天变得更加美丽"的志愿。他刻苦钻研农机技术,驾驶拖拉机耕耘在团山湖新农场的土地上,成为望城县第一批优秀拖拉机手之一。

1958 年夏，雷锋主动请缨，到遥远的东北鞍山钢铁公司当一名推土机手。在鞍山钢化工总厂洗煤车间，他是一名不知疲倦、超额完成任务的推土机手。在新建的焦化厂，他是青年突击队员。其事迹传遍整个公司。在鞍山钢铁公司的一年多时间里，雷锋获得先进工作者、红旗手、节约标兵和社会主义建设积极分子等荣誉称号达 20 多次。

1960 年 1 月 8 日，雷锋被正式批准入伍，到沈阳军区某部接受人民军队熔炉的锻造。他在当兵第一天的日记里写道："我一定要做一个毛泽东时代的好战士，我要把我可爱的青春献给祖国最壮丽的事业。"在新兵连，雷锋被大家称为"标准的战士"。在汽车连,他以钉子般的挤劲和钻劲,刻苦学习毛泽东著作,勤奋钻研业务技术,成长为一个"全心全意为人民服务"的共产主义战士。

1960年8月,军队驻地抚顺发生洪水,运输连接到抢险救灾的命令。雷锋刚刚参加救火被烧伤了双手,他忍着疼痛,又和战友们到上寺水库大坝上连续奋战了七天七夜,荣立二等功。

有一次,雷锋上街办事,看到抚顺区望花区的人民群众正在召开大生产动员大会,他立即取出存折上的200元钱,跑到望花区党委办公室要捐献出来,接待他的同志实在无法拒绝他的这份情谊,只好收下一半。另100元在辽阳遭受百年不遇洪水的时候,他捐献给了辽阳灾区。

1960年10月以后,雷锋先后担任了抚顺市建设街小学(现在的雷锋小学)和本溪路小学的少先队校外辅导员。雷锋平时工作学习都很忙,他只能利用午休时间或风雨天不能出车的日子,请假到学校去找教师和同学谈心,或进行其他辅导活动。

1960年11月,雷锋加入中国共产党。从此,他"变得更加坚强,思想和眼界变得更加开阔和远大",决心为了党和人民的事业奋斗终身。"人的生命是有限的,可是为人民服务是无限的,我要把有限的生命投入到无限的为人民服务之中去。"这是雷锋的名言,也是他立言立行、做人做事的人生准则。在两年多的军营生活中,雷锋荣立二等功一次、三等功两次,获团、营嘉奖多次,还被评为艰苦奋斗的"节约标兵"、共青团抚顺市优秀少先队辅导员、沈阳部队工程兵模范共青团员和模范共产党员。1961年7月,雷锋当选为抚顺市第四届人民代表大会代表。作为班长，雷锋率领四班成为一个优秀集体，受到上级的表扬。他是部队党委表彰、人民群众喜爱的模范人物。

1962年8月15日上午，在部队运输任务中，雷锋不幸因公殉职，为革命献出了22岁的年轻生命。噩耗传开，少先队员们为模范辅导员的牺牲而痛哭不已，成千上万的人民群众悲痛万分。1963年3月5日，毛泽东题词："向雷锋同志学习！"此后，每年的3月5日成为"学雷锋纪念日"。周恩来的题词高度概括了雷锋精神："向雷锋同志学习憎爱分明的阶级立场，言行一致的革命精神，公而忘私的共产主义风格，奋不顾身的无产阶级斗志。"命名他生前所在的班为"雷锋班"。他的故乡更名为"雷锋公社"（今雷锋街道）。长沙市、抚顺市建立了雷锋纪念馆，宣传他的业绩和精神。雷锋在1958年至1962年写的120篇日记，结集成《雷锋日记》出版。他的名字传遍大江南北、长城内外，成为时代精神的代名词，成为中华民族的瑰宝，影响了一代又一代的中国人。

雷锋故居

雷锋故居位于长沙市望城区雷锋街道雷锋村简家塘。故居原为地主谭四滚子庄屋，因雷锋祖辈佃种谭家的田而住在谭家的庄屋内。庄屋原有房屋两进12间，三面环山，西面为塘。

1940年12月18日至1956年11月，雷锋在此生活了16年。1958年，故居房屋因年久失修被拆，后由雷锋堂叔雷

明光在原址重建了 3 间茅屋。1993 年修复对外开放，今正房陈放雷锋祖孙三代用过的两张床、1 张大柜、1 张书桌和几条凳子。

雷锋纪念馆

湖南雷锋纪念馆位于长沙市望城区雷锋街道正兴路 42 号，总面积 108000 平方米，建筑面积约 8500 平方米，绿化面积 81000 平方米，集会广场面积 18500 平方米。

湖南雷锋纪念馆于 1968 年建馆。雷锋生平事迹陈列馆建筑面积 1072 平方米，共展出展品 560 余件，通过大量的文物、图片、图表及艺术作品，充分利用多媒体、场景、视频、动漫

等高科技展示手段，详细介绍了雷锋平凡而伟大的一生的光辉事迹，深入诠释了雷锋精神的深刻内涵，生动彰显了雷锋传人的魅力与风采。

湖南雷锋纪念馆是对人民群众特别是青少年进行共产主义教育和革命传统教育的课堂，是党员干部学习雷锋精神、开展党性教育的重要平台，先后获全国爱国主义教育示范基地、全国青少年教育基地、国家国防教育示范基地、全国关心下一代党史国史教育基地、全国红色旅游经典景区、湖南省文明风景旅游区、湖南省爱国主义教育基地十大"魅力场馆"、湖南省社会科学普及基地等荣誉称号。

雷锋学校

雷锋学校是雷锋的母校，始创于 1951 年，原名荷叶坝小学，1954 年扩建为完全小学，1956 年雷锋在这里毕业。为纪念雷锋，更好地弘扬雷锋精神，经上级批准，1967年更名为雷锋学校，同年创办初中；1998年与望城七中合并发展为完全中学；2004年3月被评为"湖南省重点中学"（后统一改称"湖南省示范性普通高级中学"）；2007年11月，学校顺利通过了省示范性普通高中督导评估。

学校坚持"用雷锋精神兴校育人"的办学理念，以"学雷锋，做传人"为校训，以"办人民满意的学校"为价值追求，不断积淀以雷锋精神为主题的校园文化，逐步形成了"奋力拼搏，追求卓越"的校园精神，努力朝着建设"高质量、有特色的三湘名校"的目标迈进。

学校近年来的快速发展，既是全体"雷锋人"精诚团结、务实求真的结果，更是各级领导、社会各界的深切关怀与大力支持的结晶。在今后的道路上，该校将以更具战略的眼光、更开阔的视野、更高昂的精神和更务实的作风，勤奋工作、开拓创新、不断进取，努力将学校办成人民满意的学校，为促进长沙市教育又好又快发展作出英雄母校应有的贡献！

左权镇

左权镇简介

左权镇，隶属于株洲市醴陵市，地处醴陵市西北部，东邻板杉镇，南接石亭镇，西、北分别与株洲市渌口区、芦淞区接壤，行政区域面积123.56平方千米。

2015年，新阳乡与仙霞镇成建制合并，设立左权镇。截至2018年末，左权镇户籍人口为46972人。截至2020年6月，左权镇辖1个社区、11个行政村。

左权镇依托便利的交通优势，挖掘整合乡村旅游资源，精准定位周边旅游市场，全力打造左家老屋片区AAAA级景区，突出左家老屋、泽域美景等旅游项目的辐射带动作用。抓好特色品牌培育，鼓励发展"一村一品"特色农业，打造一批具有左权印记的农业品牌。紧盯文化、信息、绿色等新兴消费热点，打造特色消费载体，扶持发展新零售、农产品电商、农村淘宝等。争取将醴陵市中小产业企业园纳入醴陵经开区管辖开发范围，提升园区运营管理服务水平。坚持教育优先，持续改善中小学基础设施，引导更多的社会人士参与教育助学，全力建造幸福文明美丽宜居新左权。

左权生平

左权生于 1905 年，湖南醴陵人。中学时代参加中共领导的社会科学研究社，开始接触马克思主义。1924 年 3 月入孙中山的建国陆海军大元帅府军政部陆军讲武学校，同年 11 月转入黄埔军校第一期学习。1925 年 2 月加入中国共产党。后在黄埔军校教导团任排长、连长。同年 12 月赴苏联，先后在莫斯科中山大学、伏龙芝军事学院学习。

1930 年回国后到中央苏区，任中国工农红军学校第一分校教育长。1931 年初任闽西红军新十二军军长。5 月调到中央革命军事委员会参谋部，任参谋处处长。同年 12 月奉命参与联络指导国民党军第二十六路军宁都起义。起义部队改编为工农红军第五军团，他任第十五军军长兼政治委员，率部参加赣州、漳州等战役。1932 年 6 月，受诬陷被撤销军长兼政治委员职务，

调任红军学校教官。1933 年初任粤赣军区司令员，5 月任中央革命军事委员会作战局副局长。同年 12 月任红一军团参谋长，参加了中央苏区反"围剿"作战。1934 年 10 月参加长征。1935 年 9 月，红一军团改称红军陕甘支队第一纵队，任参谋长。10 月到达陕北，恢复红一军团，仍任参谋长。参与指挥直罗镇和东征等战役。1936 年 5 月任红一军团代理军团长，率部参加西征战役。同年 11 月，与军团政治委员聂荣臻在前线指挥红一军团和红十五军团一部取得山城堡战役胜利。

抗日战争爆发后，陕北的红军主力改编为国民革命军第八路军（第十八集团军），左权出任八路军副参谋长、八路军前方总指挥部参谋长，后兼八路军第二纵队司令员，协助朱德、彭德怀指挥八路军开赴华北前线，开展敌后游击战争，扩大抗日武装，创建抗日根据地。1938 年 2 月，日军进犯山西临汾地区与八路军总部遭遇时，指挥警卫部队迂回侧翼，伏击日军，掩护了总部机关和群众的安全转移。4 月在晋东南地区参与指挥反击日军"九路围攻"。领导创建黄崖洞兵工厂，艰苦经营，供应补充八路军武器装备，有力地支援敌后抗日根据地。1940 年 8 月，在华北协助彭德怀指挥八路军发起大规模的交通破袭战（即"百团大战"），歼日伪军近 4 万人，振奋了全国人民争取抗战胜利的信心。

1941 年 7 月，左权随八路军总部和朱德、彭德怀进驻辽县（今左权县）麻田镇。同年 11 月指挥八路军总部特务团抗击日军第三十六师团一部的疯狂袭击，保卫八路军黄崖洞兵工厂，经过八昼夜激战，以较小的代价歼敌千余人。为此，中央军委指出："黄崖洞保卫战应作为我 1941 年以来反'扫荡'的模范战斗。"

1942年5月，日伪3万余人对太行根据地发动"铁壁合围"大"扫荡"。5月24日，八路军总部、北方局机关被敌包围在辽县麻田附近十字岭一线。5月25日，敌人从四面八方一齐向我军袭击。为掩护总部和地方机关及人民群众安全突围，左权始终和负责最后掩护的连队在一起。正当左权在十字岭上对撤出战斗作最后部署检查时，突然一颗炮弹打来，落在他身旁，左权被弹片击中头部，血染太行，以身殉国，时年37周岁。他是整个抗日战争中八路军牺牲的最高级别将领。

当左权牺牲的确切消息传来，毛泽东等领导人都非常沉痛。党中央和毛泽东指示，要大力宣传左权的事迹和英雄主义精神，党内领导人也纷纷题词作诗表达对他的缅怀之情。当时，朱德写了一篇千字悼念文，刊登在《解放日报》上。6月21日，周恩来也特意在《新华日报》上撰文，告知外界左权不仅仅是革命军人，也是革命党员，他的牺牲证明他无愧于自己的信仰，而且足以成为党的模范！这是中央对左权的高度评价。

1942年7月7日，延安党政军民各界代表一万余人齐集南郊广场，隆重举行纪念并追悼抗日阵亡将士大会。会上挂着四位烈士的遗像，其中就有左权，而当时会场上还有一条醒目的标语，是毛泽东亲自写下的——"为左权同志报仇！为千千万万牺牲在抗日战场上的烈士们报仇！"朱德等发表讲话，号召八路军全体将士"应学习左权同志革命精神，继承他的遗志，为中华民族与中国人民解放事业奋斗到底"。

1989年，中央军委确定左权为中国人民解放军33位军事家之一。2009年，左权被中央宣传部、中央组织部等11

个部门评为"100位为新中国成立作出突出贡献的英雄模范人物"。

左家老屋

左家老屋位于醴陵市左权镇将军村，2021年被认定为湖南省青少年教育基地。

1942年5月25日，左权将军在指挥部队突围转移时不幸牺牲，血洒太行，年仅37岁。2020年5月25日，左家老屋重修后正式对外开放，这一天也被人们称作左权将军英魂回乡纪念日。

左家老屋建筑面积530平方米，由主厅、左权生平业绩陈列室和复原陈列区等部分构成。左权生平业绩陈列室共分为

"追求真理的农家子弟""投笔从戎的热血青年""热血铸太行的民族英雄"等六个部分，陈列了左权从出生到投笔从戎，再到后期参加革命、牺牲的主要事迹。

左家老屋根据左权将军侄女左惠芬1982年所绘的图纸复原，其中的左权将军生平业绩陈列室创新运用了4D技术，生动还原了"百团大战"的真实场景。展厅还用照片、文字说明、投影动画等声光电效果生动形象地展示左权将军的一生。此外，这里还陈列了部分抗日战争中的珍贵物品。在另一边的复原陈列区，还原了左权将军幼时居住的生活环境。整个景点以左权将军生平业绩陈列室为核心，恢复左权旧居，配套建成军事体验基地，并结合精致农业、田园游乐、生态休闲、康体养生，打造综合性的旅游景区。

思聪街道

思聪街道简介

思聪街道位于株洲市茶陵县境内,为纪念著名红军将领、革命烈士谭思聪(思聪左垅籍)而得名。原为虎溪乡,后更名为思聪乡,后因行政规划的调整,由思聪乡变成思聪街道办事处,下辖10个村、2个社区,总人口4.2万人,现有党员1423人。境内总面积102.14平方千米,其中耕地面积约21.3平方千米,林地面积约64.6平方千米。思聪街道的基本情况主要概括为"三个特":一是人文特质,二是农业特征,三是旅游特色。

一是人文特质,在"源远流长、历久弥坚"的传承中得到集中体现。南宋景定元年状元谭用式,以"先天下之忧而忧,后天下之乐而乐"为己任,充分诠释了茶陵"读书人"的家国情怀;家喻户晓的著名红军将领谭思聪,生平事迹深入人心、激励人心。思聪开放、包容、创新的人文特质造就了思聪人民敢打硬仗、能打胜仗的鲜明底色。

二是农业特征,在"百花齐放、厚积薄发"的奋发中得到集中体现。经统计，辖区内的农业合作社达 40 余家，带动群众致富增收 6000 元 / 年，且累计完成粮食播种面积约 11 平方千米，农业总效益达千万元。

三是旅游特色，在"摸着石头过河、敢闯敢试"的探索中得到集中体现。着眼于长远规划、统揽全局的发展思路蹚出乡村旅游新路子。依托清水村天然瀑布、"天然氧吧"和龙溪村天然溶洞、奇形怪石等自然资源优势，深入挖掘神农文化，精打细算、一步一个脚印逐步完善基础设施建设，计划打造清水村神农文化博物馆。

谭思聪生平

谭思聪生于湖南茶陵虎溪乡唐家坳村。1922 年，谭思聪高小毕业，在家帮父亲干了两年活，1924 年秋又考取了县城汇文中学。谭思聪学习刻苦努力，进步飞快。

谭思聪在 1926 年秋天秘密加入了中国共产党。在虎溪秘密建立党的小组，在进步青年中建立共青团的外围组织"青年奋斗社"。

1927 年 8 月，谭思聪同从省城潜归故乡的共产党员谭趋新、陈韶、袁肇洪等人取得了联系，一起聚集几十名工农骨干，成立了茶陵游击队，进驻茶陵、安仁、酃县边界的潭湾山区。沿途他带领游击队员清算土豪，收缴"挨

户团"枪支，发展队伍，扩大了游击队的影响。为了对付茶、安、酃三县"挨户团"的联合"围剿"，谭思聪率游击队一部跳出敌方包围圈，周旋于茶陵、攸县边界，在清水帮助党员刘清云、颜子华组建游击队，迫使"挨户团"从潭湾分兵进攻清水。由于战术成功，坚守在潭湾的游击战士很快得以解围。同年11月28日，茶陵县城被工农革命军攻克，谭思聪被选为新组建的中共茶陵县委负责人之一。年底，他随工农革命军转移来到宁冈砻市，被安排在毛泽东身边工作。

1928年2月，谭思聪被湘赣前敌委员会任命为中共茶陵县委书记。4月初，谭思聪奉命率茶陵游击队赶到界首，与朱德率领的湘南起义部队会合，并当向导，于5月一举攻克茶陵县城。5月中旬，湘军吴尚第八军向茶陵县城反扑过来，谭思聪率游击队转移到茶陵、永新、宁冈、莲花四县交界的九陇山区，与边界各县地方武装协同作战。1928年5月16日，他率领游击队，配合红军攻占了茶陵东部重镇——高陇，打垮了茶陵县"挨户团"的一个队。5月18日，他们在朱德的统一指挥下，打退了湘军吴尚部对高陇的反攻。这一仗共毙敌百余名，俘敌200多名，缴枪200多支。在战斗胜利的鼓舞下，红四军第二次攻占永新县城。6月，谭思聪又率部夜袭茶陵东南部的井头村，拔掉了这个监视九陇山区的反动据点，40多名"挨户团"士兵全部被擒，缴枪39支。

1929年2月，中共湘赣边界临时特委宣告成立，谭思聪当选为特委候补常委。5月，原中共湘赣边界特委恢复工作，他又在宁冈召开的特委第四次执委大会上，当选为特委执行委员。10月，谭思聪在中共湘赣边界特委第二次代表大会上当选为特委委员。

1930年3月，谭思聪在赣西南第一次党代表大会上当选为赣西南特委委员，兼中共莲花县委农工部部长。

8月，中共湘东特委恢复后，谭思聪任特委委员。9月，他又被任命为中国工农红军湘东独立师政委。

11月，党领导的湘东起义爆发了，谭思聪和师长刘沛云率独立师马不停蹄地同敌战斗。1931年1月，谭思聪奉命开辟湘南工作，并相继迎接红七军进入湘东苏区。2月，国民党军准备对中央苏区发动第二次"围剿"。谭思聪奉中央红军总部命令，率独立师向株萍铁路和袁水流域出击，以阻滞敌军王金钰第五路军东进，谭思聪成功地完成了这一任务。4月，湘东独立师奉命改称湘东南独立师，与红七军组成河西临时总指挥部，联合行动，并相继取得了永阳、安福等地战斗的胜利，重创了敌军第七十七师和第五十二师，牵制了侧翼的敌人，为中央红军在5月取得第二次反"围剿"的胜利作出了贡献。

1931年9月16日，国民党军第四十三师乘独立师远在遂川之机，进占湘赣省委所在地永新县城。谭思聪闻讯，迅速率独立师从遂川北返，先把敌人封锁在永新城内，然后开展政治攻势，迫使敌人弃城逃走，并伏击歼灭其一部分。月底，他又率部在永阳歼敌军第二十八师一个团，牵制了国民党军部署在湘赣根据地的七个师6万余人。10月，他率部西进，于茶陵洮水击溃敌军第六十三师一个旅，然后急速南下，克上犹，下南康，恢复上（犹）崇（义）苏区，帮助组建了赣南独立团。在穿梭往返，连续征战的过程中，独立师也不断壮大起来，人员增至2800余人，加强了部队的战斗力。

12月初，国民党军第十四师进犯永新澧田，企图消灭湘赣省委机关。谭思聪、李天柱率独立一师从南路地区驰援永新。

1932年1月2日，永新以北猪婆岭伏击战打响了，谭思聪身先士卒，在前线指挥红军战士杀敌，不幸左腿负伤；接着，又一颗子弹穿进他的腹部，顿时血流如注，在送往医院抢救的途中牺牲，时年24岁。

思聪中学

茶陵县思聪中学，位于湖南省株洲市。思聪中学是茶陵县境内的一所以革命烈士名字命名的乡镇初级中学，自创办以来，曾培养了大批优秀人才。

思聪中心小学

茶陵县思聪中心小学，位于株洲市茶陵县思聪街道。

2021年1月，被教育部认定为"2020年全国青少年校园足球特色学校"。

欧阳海镇

欧阳海镇简介

　　欧阳海镇地处郴州市桂阳县域北部，东与桥市乡、和平镇接壤，南与敖泉镇为邻，西与流峰镇相连，北接莲塘镇、泗洲乡。欧阳海镇行政区域面积 100.64 平方千米。

1964年，为了纪念欧阳海烈士，湖南省将桂阳县沙溪公社易名为欧阳海公社。1984年，公社撤销，改称欧阳海乡。2012年3月撤乡设欧阳海镇。镇下有欧阳海村。

欧阳海镇境内为半丘陵半山区地形，地势西南面低而东北面高，平均海拔594米。欧阳海镇最高峰泗洲山，海拔1413.8米，最低处大乘村铁山自然村，海拔256米。

1966年10月，位于桂阳县湘江支流的欧阳海水库动工兴建，1970年夏天建成。时任湖南省委书记的华国锋主持参加了水库落成剪彩仪式。

欧阳海大桥

1979年10月1日，欧阳海大桥竣工通车，它作为桂阳南北半县交通要道的主要设施，静静地横卧在舂陵江畔，见证着烈士家乡车水马龙、舟楫往来的新景象。

欧阳海生平

1940年冬，欧阳海出身在湖南省桂阳县莲塘区老鸦窝村一户贫农家庭。面对新生儿，父母在喜悦之余又添新愁：有了小儿子欧阳海，大儿子欧阳增龙被反动派抓去当了壮丁，原本贫困的家庭因少了劳动力更是雪上加霜。为了谋生，年幼的欧阳海不得不常年沿街乞讨。稍大一点，欧阳海就扛起了生活的重担，在寒冬腊月里光着脚板担着木炭沿街叫卖。

1949年，欧阳海的家乡解放，冰水里泡大的欧阳海终于感受到了人间的温暖。9岁的欧阳海深知幸福生活来之不易，为了保卫胜利的果实，他参加了儿童团，手握红缨枪和伙伴们一起站岗放哨，监视坏人。欧阳海热心助人，经常帮助缺少劳动力的农户干活。

1959年3月，欧阳海如愿以偿加入了中国人民解放军。入伍后，无论是日常学习训练，还是执行施工任务，欧阳海都积极主动、奋勇争先，对自己严格要求。由于表现优异，入伍第二年，他就光荣地加入了中国共产党。

1963年回乡探亲期间，欧阳海跳进冰冷的水中救起一个小女孩。同村一位村民家中发生火灾，欧阳海第一个赶到救出被困的老大娘，后又冲回火场奋力扑灭了大火。欧阳海在家休假15天，劳动了11天。村里要给他记工分，被他断然拒绝，他说："我吃国家的，穿公家的，为人民做点事是完全应该的！"

1963年冬，欧阳海所在部队组织野营训练，他带领7班担任尖兵班，处处冲锋在前。训练进入尾声时，他所在班担负收容任务。

11月18日，部队按照既定路线冒雨行军，在经过铁路轨道时，由广州开往武汉的282次客车鸣着长笛飞奔而来。

突然，惊人的一幕出现了。谁也没有想到，响亮的笛声会使一匹战马受惊，挣脱缰绳，驮着炮架窜上铁路，横在中间。

战马被直冲着自己奔来的钢铁家伙吓呆了，居然僵立在铁轨中间一动不动。列车越来越近了，制动根本就来不及，眼看一场车翻人亡的惨剧就要发生……

在火车与马即将相撞的危急时刻，欧阳海奋不顾身将马推出铁路，避免了列车出轨，保障了铁路设施，保护了旅客安全，避免了一起严重事故，但他自己，却被无情的车轮轧断左腿，负了重伤，经抢救无效，壮烈牺牲，年仅23岁。

战士们打开欧阳海随身携带、现已被鲜血染红了的小本子，只见封面上写道：即使有一天，这个世界上没有了我，我也仍然衷心地相信，共产主义的理想必然胜利，一定会有更多更多觉醒了的人士为它战斗。

1964年，中国共产党广州军区委员会追授欧阳海一等功和"爱民模范"荣誉称号。

1964年1月22日，中华人民共和国国防部命名他生前所在班为"欧阳海班"，并号召全军指战员，学习欧阳海的崇高品质，全心全意为人民服务。朱德、董必武、贺龙、徐向前、聂荣臻、叶剑英等党和国家领导人分别题词，高度赞扬他的英雄行为。

欧阳海牺牲后，他的弟弟欧阳湖、欧阳江及欧阳湖的儿子欧阳武军应征入伍，并分别成为"欧阳海班"班长。一家四班长被奉为美谈。

1966年，彭德怀被安排到西南三线建设委员会担任第三副总指挥，他在成都新华书店买了一本《欧阳海之歌》。令人吃惊的是，这本书彭德怀一共读了三遍。全书共444页，他用红笔画了线的就有148页，写了批注的有80页，共1833个字，读到感人处连连落泪，点点泪痕都留在了书页上。

2009年9月，欧阳海被评为"100位新中国成立以来感动中国人物"之一。

2019年9月25日，入选"最美奋斗者"个人名单。

欧阳海是继雷锋之后在人民解放军这所大学校里涌现出的又一名共产主义战士。用舍身推战马、勇救人民生命财产的英雄壮举，实践了自己的人生格言："如果需要为共产主义的理想而牺牲，我们每一个人，都应该也可以做到脸不变色心不跳。"

欧阳海中学

欧阳海中学地处欧阳海乡中部，东临四洲公路，背靠石豪寨，已有60多年的建校历史，现校名是以英雄欧阳海的名字来命名的。校园面积48465平方米。

欧阳海中学大力弘扬欧阳海精神，坚持"以人为本、以德治校、以研兴校"的办学原则，树立现代教育观、新型教师观、21世纪学生观，深入贯彻邓小平提出的"教育要面向现代化，面向世界，面向未来"的教育思想。

欧阳海灌区

欧阳海灌区工程地处湘江支流舂陵水和耒水下游地区，由欧阳海水库和灌区干、支渠组成。水库位于舂陵水的中游，集雨面积 5409 平方千米，多年平均年径流总量 41.1 亿立方米，总库容 4.24 亿立方米，有效库容 2.96 亿立方米。欧阳海灌区大坝为 58 米高的混凝土双曲拱坝，坝腰连开五个泄洪孔（最大下泄流量 6096 米^3/ 秒），属国内首创，曾荣获国家优秀设计奖和工程银质奖。灌区渠道灌溉工程分布在耒阳、衡南、常宁三县和衡阳市郊，分右总干、东支干、西支干、左干等四条干渠，长 291 千米。右总干和西支干五次跨越京广线，东支干横跨耒水。可灌溉农田 485 平方千米。自流灌溉 380 平方

千米,提水灌溉102平方千米。工程兴建渡槽44座、隧洞31处、倒虹吸管1座、小型建筑物3000多处。自1966年至1970年,衡阳每年出动数十万民工修建欧阳海灌区。1970年6月,欧阳海水库大坝竣工蓄水,1970年8月1日,灌区工程通水。1971年7月完成枢纽配套工程。欧阳海灌区大坝是世界上第一座双曲线拦河拱坝,气势雄伟壮观。四周青山绿水、空气清新、环境幽雅、冬暖夏凉,坝下奇石、流水相得益彰,显山水原始情趣。每逢开闸放水,水声如雷,细雨漫漫,如临仙境,景色壮观。欧阳海灌区可谓理想的观光、旅游、避暑胜地。

黄兴镇

黄兴镇简介

黄兴镇，地处长沙市长沙县中南部，东接江背镇，南抵浏阳市，西邻雨花区，北连榔梨街道，距长沙县人民政府19千米，区域总面积157.11平方千米。

黄兴镇原属善化县龙喜乡，为纪念辛亥革命领导人黄兴，建镇时改名黄兴镇。2015年，黄兴镇和干杉镇成建制合并设立新的黄兴镇。黄兴镇内的红色地标有黄兴故居、许光达故居。截至2020年6月，黄兴镇下辖5个社区、14个行政村，镇人民政府驻接驾岭社区。截至2019年末，黄兴镇有工业企业366个，其中规模以上22个，有营业面积超过50平方米以上的综合商店或超市39个。

近年来，黄兴镇依托域内的黄兴海吉星国际农产品物流园、长沙国际会展中心、国际会议中心，大力发展现代农业、会展产业。黄兴海吉星国际农产品物流园承担了长沙市90%、湖南省80%的蔬菜供应任务，是全国最大的蔬菜枢纽中心。2021年，该市

场交易量710万吨，交易额620亿元。2022年9月5日，海吉星二期在黄兴镇宣告开工，总用地面积25.5万平方米，计划投资15亿元，主要功能区为海鲜、水产、水果等交易区。项目全部完工后，这里将成为中南地区乃至全国最具影响力的综合性农产品交易枢纽。2021年，长沙国际会议中心和国际会展中心先后承接会议50场次、实现展览面积130万平方米，会展会议中心及配套酒店实现营收1.5亿元，推动黄兴镇打造会展新城。

　　近几年，黄兴镇蔬菜种植面积稳定在11.4平方千米、年产值2.04亿元，花卉苗木产业种植面积33.4平方千米、年产值5亿元，果之友、智粮农业获评省级农业龙头企业，龙喜水乡、绿世界等一批特色品牌，走出了一条"以农促旅、以旅兴农"的发展之路。

黄兴新村简介

黄兴新村位于长沙县黄兴镇境内。拥有丰富的历史文化和民俗文化，周边有飘峰塔、跳马涧、金井茶场、长沙生态动物园、金井水库、南托大塘新石器遗址、北山书屋等景点景区。

黄兴中学简介

黄兴中学地处浏阳河畔。敢为人先的黄中人秉承"无我""笃实"的黄兴精神，坚持"校园办活、课堂教活、思维变活"的办学理念，践行"弘毅致远，厚学笃实"的校训，将黄兴中学打造成了一所享誉三湘的市级示范性初级中学。

学校占地 30815 平方米，校舍面积 20792 平方米。现有教学班级 30 个，学生 1561 人，教职工 122 名，其中高级教师 22 人，市、县级骨干教师 18 人。学校布局合理，各项功

能室齐全，配套设施完善。教学楼、科技楼、大礼堂雄伟壮观，250米环形塑胶运动场以及3个塑胶篮球场是学生强身健体的好地方。藏书3万多册的图书馆开拓了学生的视野。宽敞明亮的宿舍、食堂为学生提供了舒适、温馨的生活环境。

学校抓师德，办家校，创品牌，兴特色。教育部督学是这样评价黄兴中学的："这是一所具有深厚文化底蕴的好学校。"学校先后被评为"湖南省现代教育实验学校""湖南省中小学校科技创新教育基地""湖南省十五课题研究先进单位""长沙市文明单位""长沙市青少年科技示范学校""长沙市示范性初级中学""长沙市德育工作示范学校""长沙市家长学校示范校""湖南省文艺特色学校""全国科技体育先进单位"。

"黄兴无我谁为继，明日英豪今少年。"爱岗敬业的黄中教师，志存高远的黄中学子，正以崭新的姿态，迎接新时期的挑战，力争将学校建成一所理念新、特色明、质量好的区域性特色学校！

黄兴生平

黄兴原名黄轸，同治十三年（1874）10月25日，出生于湖南善化县龙喜乡凉塘（今长沙县黄兴镇）。

黄兴5岁在父亲的私塾启蒙读书，8岁在萧举人的私塾读书，11岁师从退休翰林周笠樵，光绪十九年（1893）入城南书院，光绪二十四年（1898）调长沙湘水校经堂，复选调武昌两湖书院深造。

光绪二十八年（1902），黄兴被湖广总督张之洞选派去日本留学。光绪二十九年（1903），沙俄强占我国东北，黄兴与我国留日学生组织了一支"拒俄义勇队"，准备赴东北抗击沙俄，结果却遭到清政府的极力阻止。黄兴意识到，反帝必须反清，于是毅然放弃留学，回国开展反清革命。

光绪三十年（1904）2月15日，黄兴在长沙创建革命团体华兴会并担任会长。光绪三十一年（1905）7月，黄兴与孙中山在日本相识。随后两人就革命团体和反清问题达成一致。当年8月20日，同盟会在日本东京成立，黄兴担任执行部庶务总干事。

同盟会成立后，黄兴更是策动和领导了一系列的武装起义。光绪三十四年（1908），黄兴率中华国民军南路军200余人在广西钦廉上思一带，相继与2万余清军鏖战40多天，以少胜多，七战七捷，威名大震。

宣统元年（1909），受孙中山委派，黄兴到香港成立同盟会南方支部，策划广州新军起义。宣统二年（1910）11月，黄兴出席孙中山召开的秘密会议，决定组织广州起义。宣统三年（1911）4月23日，起义在即，黄兴致绝笔书于孙中山说："本日驰赴阵地，誓身先士卒，努力杀贼。书此以当绝笔。"

起义开始前，同盟会会员温生才未与组织联络，刺杀广州将军孚琦。结果，广州全城戒备。如果起义拖延，会使更多人处于危险之中，箭在弦上，不得不发。胡毅生、陈炯明等认为清军已有防范，提议改期。黄兴认为准备这么多，如果不起义既会使革命者泄气，也对不起为革命捐款的华侨。最后，在喻培伦、林文等人的激励下，黄兴决定无论如何也要发难。于是黄兴集合不愿离开的革命精英准备起义，虽然明知此时起义必

败，但他依然决定用自己的生命敲响苦难中国的黎明钟声。

几经周折，起义一再改期，进攻计划由原定 10 路改为 4 路。黄兴担任进攻两广总督衙门的指挥工作。4 月 27 日，广州起义爆发，黄兴率领林觉民、方声洞、喻培伦等敢死队 100 余人攻打总督衙门，其余 3 路未见行动。另外 3 路领导人陈炯明、胡毅生在起义前一天已经逃跑，姚雨平躲在广州不知所踪。于是，同盟会精心准备 3 个月的起义变成了黄兴带着 100 多人的孤军奋战。

攻入总督衙门后，发现总督张鸣岐已逃跑，遂放火烧总督衙门。起义军撤出时，遭到水师提督李准带领的巡防营 2000 多人堵击，许多革命党人牺牲，黄兴右手二指被击断。但他忍住剧痛，用断指的第二节扳枪机继续射击。眼见清军渐渐合围，黄兴遂下令分 3 路突围，自己带领 1 路奋勇冲杀，且战且走。在突围中，队伍散乱，只剩下黄兴 1 人。他改装逃到暗设于广州河南的革命机关女同志徐宗汉处，由她护送至香港就医。广州起义失败。后收殓殉难者，得尸体 72 具，合葬在黄花岗，世称"黄花岗七十二烈士"。

1911 年 10 月 10 日，武昌起义爆发。黄兴于 10 月 28 日抵达武昌，11月3日就任中华民国军政府战时总司令。在黄兴指挥下，起义军在汉口、汉阳与清军血战，坚持了一个多月的时间，为各省响应武昌起义，宣布独立赢得了时间。

1911年12月中旬，黄兴被各省代表会议推举为大元帅，但黄兴坚持应由孙中山来担任大元帅。在革命过程中，黄兴始终坚持孙中山的领导地位，甘当配角。1912年1月，南京临时政府成立后，黄兴被任命为陆军总长兼参谋总长。4月，黄兴被委为南京留守，6月，辞去南京留守一职。

1913年3月，袁世凯派人暗杀宋教仁。孙中山主张立即兴师讨袁。黄兴以南方各省内部不统一，军队力薄，对讨袁缺乏信心，主张法律解决。7月，孙中山兴师讨袁，二次革命爆发。14日，黄兴由上海至南京，强迫江苏都督程德全宣布独立，黄兴被推为江苏讨袁军总司令。7月29日，南京讨袁战事失利，黄兴由上海避走香港，后去往日本。为促进党内团结，一致讨袁，黄兴于1914年6月底前往美国等地。在此期间，黄兴多次致函革命者，敦促兴师讨袁。

1916年7月8日，在国内各界邀请下，黄兴归国抵上海。

但由于积劳成疾，他于 10 月 31 日病逝于上海，时年 42 岁，1917 年 4 月 15 日，国葬于长沙岳麓山。

黄兴故居

黄兴故居是全国重点文物保护单位、湖南省爱国主义教育基地，位于长沙城东约 15 千米的长沙县黄兴镇黄兴村凉塘，建于清同治初年。同治十三年（1874）10 月 25 日，黄兴出生于此，并在这里度过了 22 个春秋。黄兴故居为一所泥砖青瓦平房的民居建筑，占地面积约 4300 平方米。有房屋 12 间，包括上堂屋左右正房和下堂屋左右正房及厢房、横屋过堂。砖木结构，坐西朝东。

光绪二十九年（1903）后，为筹集革命活动经费，黄兴先后将故居连田产卖掉。解放后，故居房屋收归政府，分配给 7 户农民居住。1980 年黄兴故居纪念馆成立。1980 年至 1981 年，修复正屋 12 间，并征集了黄兴故居和华兴会开会使用过的家具

原物及用品共 28 件，在上堂屋内布置恢复了黄兴及其父母的住房。1988 年 1 月 13 日，黄兴故居被国务院公布为第三批全国重点文物保护单位。2001 年维修了 12 间正屋，修复了两厢 41 间房屋，并在故居内进行全面复原陈列。2004 年完成第三期修复工程，修复了护庄河和后花园。至此，黄兴故居全面恢复了江南农家庄院的风貌。2011 年 8 月 11 日，为迎接辛亥百年，黄兴故居进行第四次修复。这也是自 1980 年建馆以来最大规模的一次修缮。2012 年，黄兴故居入选首批"湖南省涉侨文化遗产"。

黄兴墓

黄兴墓位于岳麓山云麓峰以北小月亮坪上方，麓山寺后，有石级直达。墓坐西向东，由三层近百级石砌台阶步入墓地。墓矗立塔形碑柱，由一整块四棱形乳白色岩石琢成，高约 10 米，气势雄伟，正面嵌铜制墓碑，上镌"黄公克强之墓"，墓表四周绕以石基柱围护栏杆。前有拜台、石凳，地面铺以花岗岩，整个墓表占地 1186.24 平方米，苍松翠柏，掩映其间。

蔡锷乡

蔡锷乡简介

蔡锷乡隶属于邵阳市大祥区,因"讨袁护国,再造共和"的蔡锷将军诞生于此而得名。

蔡锷乡地处大祥区东南部,东与邵东县魏家桥、九龙岭镇交界,南、西分别与邵阳县郦家坪、谷洲镇毗邻,西北与檀江乡相连,北与板桥乡接壤。人民政府驻陈桥村陈桥头,距大祥城区14千米。蔡锷乡是民主革命家、著名军事家蔡锷和省农民运动特派员、革命烈士胡植的故乡,是国家级重点文物保护单位、省级爱国主义教育基地。

在大祥区委、区政府的领导下,蔡锷乡通过加强组织领导,精准识贫、精准脱贫、精准施策,脱贫攻坚取得了全面胜利。

蔡锷乡在乡域经济上稳中求进,强化壮大集体经济,坚持"以强带弱、以富带穷、抱团发展"的工作思路,通过党建引领、以奖提效等多项措施,大力扶持、壮大村级集体经济;聚焦重点项目建设,全力支持蔡锷故居配套产业后续开发,走休

闲、观光、旅游之路，打造生态休闲旅游品牌。

蔡锷乡坚持"民生为本"的发展战略，全心全意惠泽民生，人民群众幸福指数明显提升。学有所教、劳有所得、病有所医、老有所养、住有所居的生活，正在从美好愿景加速变为现实生活。

走在蔡锷乡可以发现，乡镇基础设施逐渐完善，卫生干净整洁，居民幸福感、获得感大步提升，一幅天蓝、地绿、水清、街美、路畅、人文明的美丽画卷正徐徐展开。

蔡锷生平

蔡锷，湖南邵阳人，原名艮寅，字松坡，1882年12月18日出生。蔡锷从小聪明过人。6岁读书，13岁即考中秀才，一时传为佳话。15岁时便从2000多名青年才俊中脱颖而出，

考入设立于省会长沙的时务学堂。在这里，蔡锷认识了对他的一生具有决定性影响的人物，这个人就是维新派的先锋人物梁启超。

时务学堂开办之后，两年间共招考三次，录学生 200 余名。蔡锷是同学中年龄最小的，但成绩却很出色，与李炳寰、林圭并称为三大高才生。梁启超对他特别赏识，勤加点拨，师生之间建立了历久弥坚、终生不渝的深厚感情。

戊戌政变发生后，湖南巡抚陈宝箴去职，时务学堂被迫停办。蔡锷先后到武汉、上海辗转求学，参加唐才常在武汉组织的自立军反清起义，事泄失败，师友多人遇难。受到强烈刺激的蔡锷便不顾梁启超等人的反对，下决心投笔从戎。次年再去日本，改学陆军。

1904 年 10 月，蔡锷以优异的成绩在日本士官学校第三期毕业，与蒋方震、张孝准并称"中国士官三杰"。

回国后，蔡锷先后在江西、湖南、广西、云南担任军政要职，备受各方器重，此时的蔡锷名声已经传播开来。

1911 年夏天，蔡锷在云南编撰出版重要军事著作《曾胡治兵语录》。云贵总督李经羲奏准朝廷任命蔡锷为新军第十九镇第三十七协协统，此时正好武昌起义爆发，而昆明也发生起义。11 月 1 日，起义官兵组成"大中华国云南军都督府"，蔡锷众望所归，被推举为云南都督，时年仅 29 岁。

1912 年元旦，中华民国建立。第二年 10 月，蔡锷奉命调往北京，在中央政府担任多项职务。当时，他对袁世凯持理解、支持态度，试图帮助袁世凯建立一个强有力的中央政府。

但袁世凯利令智昏，欲自立为帝的野心日渐膨胀。蔡锷已看穿袁氏的鬼蜮伎俩，不为其利诱所打动，暗中盘算脱离袁的控制，在云南起兵反袁。

1915年12月12日，袁世凯在北京称帝。19日，蔡锷成功摆脱监视，历尽艰辛，抵达云南昆明，与云南督军唐继尧等决策反袁。25日，蔡锷、唐继尧等宣布云南独立，组织护国军，武装讨袁，护国战争爆发。

1916年1月，蔡锷率军出征四川，与袁军进行艰苦卓绝的战斗。袁世凯人心丧尽，内外交困，做了83天皇帝后便一命呜呼。第二天黎元洪就任大总统。中华民国国体得以保持，护国战争取得了胜利。当时的中央政府任命蔡锷为四川督军兼省长。

然而不幸的是，一代骁将蔡锷因患当时还属不治之症的喉结核，又戎马倥偬，尽瘁国事，已经病体难支。后东渡日本，入九州帝国大学医学部治疗。1916年11月8日，再造共和的一代名将蔡锷在日本逝世，时年仅34岁！

蔡锷以起兵反对袁世凯称帝而名垂史册，但不幸英年早逝。在他的追悼会上，他的恩师梁启超沉痛地说他之所以反袁是"为国民争人格"。

1915年8月，在袁世凯的操纵下，要求袁世凯称帝的舆论已甚嚣尘上，先有"筹安会"，后有"全国请愿联合会"，甚至还出现了妓女请愿团、乞丐请愿团等。在这样的形势下，为早日离开京城，蔡锷韬光养晦，一方面终日沉湎于八大胡同以迷惑袁的耳目；一方面领衔签名支持帝制，使袁对他深信不疑。因此，后来办事处才会责问他为什么反复无常，他坦然答复：

"国体问题，在京能否拒绝署名，不言而喻。若问良心，则誓死不承……若云反复，以总统之信誓旦旦，尚可寒盟，何论要言！"

1915年12月，蔡锷在护国寺召集旧部，慷慨致辞："袁势方盛，吾人以一隅而抗全局，明知无望，然与其屈膝而生，毋宁断头而死。此次举义，所争者非胜利，乃四万万众之人格也。"

蔡锷一生都光明磊落，始终浸透着共和精神。所以袁氏称帝，他第一个起来反对。云南举义目的就是拥护共和国体，使帝制永绝于中国。

等到胜利在望，他一再表示功成身退，决不食言。1916年6月21日，他致电梁启超："对于国事，除万不得已外，拟不发表何种政见。"

蔡锷心地光明、纯洁，生平不爱钱、不慕高官厚禄，他常说"人以良心为第一命，令良心一坏，则凡事皆废"。他反对帝制，争的不是个人权力，无非出于他的良心，出于他对艰难缔造的共和国的忠诚。

蔡锷的死让梁启超悲痛欲绝，梁在挽联中写着："国民赖公有人格，英雄无命亦天心。"

在中国近代军阀多如牛毛的混战局势中，职业军人中竟然产生了蔡锷这样一个人格高尚、目光远大、让后人只能仰视的人物，是整个民族的大幸，亦是湖南人的大幸和骄傲。

蔡锷故居

蔡锷故居位于邵阳市大祥区蔡锷乡蔡锷村（原湖南省宝庆

府邵阳县亲睦乡蒋家冲蔡桥头）。这里是蔡锷童年以及少年时期在宝庆求学居住过的地方。

蔡锷故居始建于清嘉庆年间，今构保留着清代同治—光绪时期的建筑特征，为悬山顶土砖、上盖小青瓦单层的普通农舍。

1990年初，邵阳市人民政府和大祥区人民政府拨专款5万余元，市、区两级文物部门通力合作，对蔡锷故居进行全面修缮保护。同年9月18日，邵阳市人民政府公布蔡锷故里为首批市级文物保护单位，包括蔡锷故居及蔡氏祖茔等。2002年5月，蔡锷故居被湖南省人民政府公布为省级重点文物保护单位。2006年6月，被国务院公布为第六批全国重点文物保护单位。2013年，邵阳市大祥区人民政府成立蔡锷故居管理局，加强对蔡锷故居的保护，征集蔡锷生前照片135幅和史料60余篇，在故居隔壁租了一栋4间的闲置民宅，开辟了蔡锷生平事迹展览室，制定了保护规划和修缮方案，并且在规划增添附属设施，

治理蔡锷故居周边环境，以便各界人士和广大中小学生参观浏览。2013年10月10日，湖南省人民政府批复和公布《全国重点文物保护单位蔡锷故居、公馆和墓——蔡锷故居保护规划》（以下简称《规划》），要求确保《规划》顺利实施，保护利用管理好蔡锷故居。2013年10月30日，蔡锷故居保护开发建设项目签约暨奠基开工典礼在蔡锷乡隆重举行，蔡锷长孙蔡协先生参加了仪式。2016年11月23日，纪念蔡锷逝世100周年系列活动在邵阳举行，全国人大原副委员长、民革中央原主席周铁农出席纪念活动并参观考察了蔡锷故居。

光达社区

光达社区简介

光达社区因大将许光达而得名，2010年由光达村改名为光达社区。近年来，恰逢诸多机遇叠加——长沙地铁2号线设站于此，毗邻黄花机场、高铁南站，交通路网完善，区位优势明显；长沙国际会展中心、长沙国际会议中心相继投运……除了"将军故里"这块金字招牌，光达社区更是添了"城市化先锋""会展新城""幸福家园"三张新名片。

从前这里叫光达村，村民主要以种植光皮辣椒、莴苣等蔬菜为生。近年来，随着劳动东路延长线、黄兴大桥建成拉通，以及会展片区"五横四纵一环"主干路网的形成，该片区交通区位优势更加突显。

妇女节、建军节、教师节、重阳节……从年头到年尾，居民都能收到社区送上的节日问候和慰问物资。篮球队、足球队、军鼓队、腰鼓队以及老年人花鼓戏团丰富了居民的业余生活。社区还拿出部分集体收益，为居民提供公益服务。日子富裕了，

文化活动丰富了，邻里关系也密切了。

会展业与旅游业、房地产业并称世界"三大无烟产业"，也是城市经济助推器的代名词。2016年11月8日，室内展览面积约12万平方米的长沙国际会展中心一期工程正式开馆运营，成为湖南省最大、功能最全的综合性会展场馆。

崛起的会展经济激活光达发展的一池春水。社区以会展新城建设为契机，通过村企合作建设物业、物流项目，为失地居民解决就业问题，稳定居民创收。同时，通过盘活闲置土地引入企业、"社企"联合发展、搭建创业就业合作平台等模式，推动集体经济加速发展。社区两委班子还结合光达社区项目多的实际，让被征拆群众在项目工地物业服务、园林绿化、劳务派驻等岗位上就业，并且经常开展岗位培训以增强居民的就业能力，社区人均年收入从十几年前的2000元增长到3万余元。

许光达生平

许光达，1908年11月19日出生于长沙县东乡萝卜冲（现黄兴镇光达社区），是中华人民共和国最年轻的开国大将，首位装甲兵司令员，被誉为"中国装甲兵之父"。许光达一生战绩显赫，在战争中屡次负伤，但从未放弃和退却，始终追随党和人民。新中国成立后，担任过很多重要领导职务，但他淡泊名利，他让衔的故事更是让人心生敬佩。

许光达一生戎马倥偬，在战争中受伤在所难免。其中有两次受伤较为严重。第一次严重受伤是在1927年，许光达从黄埔军校毕业后，被分配到张发奎部炮兵营当见习排长，随军移防九江。时值宁汉合流，革命处于危急关头。许光达乘张发奎"礼送"共产党之机，偕同炮兵营几个共产党员偷偷离开九江，前往南昌参加起义。但赶到南昌时，起义部队已撤离。他不顾同伴劝阻，在宁都追上了起义部队。1927年9月28日，在三河坝激战中，一发炮弹在许光达身旁炸开，他身负重伤，只得留在农民家休养。由于部队南下失利，许光达与党组织失去联系。养好伤后，许光达和同伴廖浩然为寻找党组织，辗转潮州、汕头、上海，然后到南京，终于在安徽寿县与党组织取得了联系。1929年10月，奉中共中央的指示，许光达由上海转赴洪湖革命根据地，参与组建中国工农红军第六军。

另一次负伤较重是在1932年。1930年7月，贺龙的红四军与红六军会师，组建红二军团，许光达即跟随贺龙南北驰骋，屡建奇功，与贺龙结下了深厚的革命情谊。由于夏曦全面执行王明"左"倾机会主义路线，湘鄂西苏区受挫。1932年春，红三军于瓦庙集与敌东线主力两万余人展开激战。许光达奉命率部插入敌人中间地带，以分割敌人。他到二营靠前指挥，胸部被子弹击中，伤势严重，昏迷不醒，子弹头离他的心脏只有几厘米。由于医疗条件所限，手术整整做了三个钟头，子弹仍然没有取出。后来，贺龙坚持派人送许光达去上海治疗。湘鄂西省委于1932年2月29日写信给在上海的中共中央："许光达同志，曾任三军八师师长……应城之役受伤甚重，弹未出，特来诊治，希接洽。伤愈，并望给以短期军事政治训练，随派回三军工作。"并派刘鳌陪同。历尽千难万险，伤势严重的许光达终于到达了上海由地下党组织掌管的医院，但没想到的是，那家医院却遭到了敌人的破坏，许光达只好经地下组织安排，辗转去苏联治疗。在莫斯科，那颗子弹头才被取出来。

1955年，中国人民解放军第一次实行军衔制。当许光达得知中央将授予他大将军衔时，他寝食难安，对夫人邹靖华说，和他并肩作战的许多战友把他们的满腔热血洒在了解放事业的战场，他这顶"乌纱帽"是建立在他们的流血牺牲基础之上的。反复思考后，他做出一个让人意想不到的决定：申请降衔。

他当面向时任中央军委副主席的贺龙提出降衔申请。贺龙说："你是黄埔五期的老资格，还有苏联红军的经历，在战场上冲锋陷阵，好几次差点掉脑壳，评你为大将是组织考虑的事，你服从就是了。"在几次面请降衔无果后，许光达向中央军委主席毛泽东和各位副主席写了一封情真意切的《降衔申请书》：

军委毛主席、各位副主席：

　　授我以大将衔的消息，我已获悉。这些天，此事小槌似的不停地敲击心鼓，我感谢主席和军委领导对我的高度器重。高兴之余，惶惶难安。我扪心自问：论德、才、资、功，我佩戴四星，心安神静吗？此次，按新民主主义革命时期的功绩授衔。回顾自身历史，1925年参加革命，战绩平平。1932年—1937年，在苏联疗伤学习，对中国革命毫无建树。而这一时期是中国革命最艰难困苦的时期：蒋匪军数次血腥大"围剿"，三个方面军被迫作战略转移。战友们在敌军层层包围下，艰苦奋战，吃树皮草根，献出鲜血、生命。我坐在窗明几净的房间吃牛奶、面包。自苏联返回后，有几年是在后方。在中国人民解放军的行列里，在中国革命的事业中，我究竟为党为人民做了些什么？

　　我对中国革命的贡献，实事求是地说，是微不足道的，不要说同大将们比，心中有愧，与一些年资较深的上将比，也自愧不如。与我长期共事的王震同志功勋卓著：湘鄂赣竖旗，南泥湾垦荒；南下北返，威震敌胆；进军新疆，战果辉煌……

　　为了心安，为了公正，我曾向贺副主席面请降衔。现在我诚恳、慎重地向主席、各位副主席申请：授我上将衔。另授功勋卓著者以大将。

许光达
1955年9月10日

毛泽东看完许光达的《降衔申请书》后，十分感慨："这是一面明镜，共产党人的明镜！"并且高度称赞："五百年前，大将徐达，二度平西，智勇冠中州；五百年后，大将许光达，几番让衔，英名天下扬。"

对许光达的降衔请求，鉴于他的功绩和资历，党中央、中央军委没有同意，最终仍授他大将军衔。但是，许光达内心无法安宁，主动要求降一级自己的工资。这样一来，十位开国大将中，有九位拿的是四级薪金，只有许光达一人拿的是五级薪金。

许光达故居

许光达故居位于长沙市长沙县黄兴镇光达社区，始建于清光绪三十四年（1908）。故居原有两进，共有房屋14间，上进倒于1954年的洪水中。

2005年，重新修缮，并辟有生平业绩陈列馆，对外开放。2011年1月，被湖南省人民政府公布为湖南省文物保护单位。2011年9月，被长沙市委宣传部公布为长沙市爱国主义教育基地。2020年3月，被湖南省委宣传部确立为第五批湖南省爱国主义教育基地。

维汉村

维汉村简介

长沙县高桥镇维汉村是老一辈无产阶级革命家李维汉的故乡,位于长沙县东北,南距县城星沙50千米,东接高桥政府所在地。2005年由原桥里、松竹两村合并而成。

维汉村整体地形为两边高,中间低,东部为南北走向的罗霄山脉,西部为起伏较缓的丘陵。桥里河由北往南纵贯中部,河两厢为地势较为平坦的农田。有两条水泥硬化路从村里交叉而过。全村总面积9.2平方千米,其中山林面积3.93平方千米,耕地面积1.86平方千米。有小Ⅱ型水库一座,山塘256口。

以前,维汉村的农业以水稻种植为主。近年来,立足于资源优势和产业特点,通过"合作社+大户""农民经济人+农户"等多种形式,围绕为农民服务的主题,建立以商品生产为主的农产品生产基地,实施专项农业产业化经营,以专立社、以特增效、以优占市,促进了农业产业结构调整。2006年成立了国进合作社维汉分社,合作社经营范畴涵盖蔬菜种植、蘑菇香菇栽培、畜禽饲养、粮食种植与加工、农副产品长途贩运等行业。在原有的万家坪约1万平方米香菇基地、侯家冲约2万平方米蘑菇基地以及福星熟食加工厂的基础上，又发展了具有现代化农业的甜菜坡菌菇厂，年产值可达2000万元。

维汉村强化村民生态保护意识，加强环保工程建设，扩大村绿化面积，使经济与环境和谐发展。使用环保能源。建设节能高效沼气池700多个，使沼气使用覆盖率达到90%，为建设社会主义新农村，净化、美化、绿化环境奠定了良好的基础。废物处理。设垃圾回收池400多个，垃圾桶近300个，对垃圾进行收集；同时，在垃圾集中处建4个大的垃圾回收池，对垃圾进行中转处理，并设专人进行垃圾回收。

李维汉生平

李维汉是新中国第一任统战部部长，1896年6月2日出身于湖南省长沙县㮾阳乡（今高桥镇）一个清贫的知识分子家庭。1917年毕业于湖南省立第一师范学校。1918年同毛泽东、蔡和森等在长沙组织新民学会。次年赴法国勤工俭学。1922年底，由毛泽东、蔡和森介绍加入中国共产党。1923年回国后，任中共湘区委员会书记、中共第四届中央委员、第五届政治局委员。1927年大革命失败后，任中共临时中央常务委员。同年8月，参加

并主持召开了著名的"八七会议",在会上当选为临时中央政治局常委。1931年去苏联学习。1933年回国,他到中央苏区后,先后任中共中央组织部干事、部长。抗日战争时期,历任中共中央党校校长、陕甘宁边区政府秘书长等职。

1946年12月16日,中共中央决定成立中央城市工作部,周恩来任部长,李维汉任副部长。其主要任务是负责国民党统治区的各项工作。1948年10月,中共中央将中央城工部改组为中共中央统一战线工作部,李维汉担任部长,主管统一战线工作和筹备召开新政治协商会议的具体工作。1948年11月25日,中共中央与各民主党派及无党派民主人士达成了《关于召开新的政治协商会议诸问题》协议。1949年,北平和平解放后,李维汉于3月10日抵达北平,开始逐个走访李济深、沈钧儒、郭沫若、谭平山、周建人、马叙伦、蔡廷锴等民主人士,为统一战线工作的进一步开展打下了良好的基础。

新中国成立后,李维汉继续担任中共中央统战部部长,主要任务是主管统一战线工作和少数民族工作。李维汉在少数民族工作方面做了很大努力。他是民族区域自治政策的倡议者和坚决贯彻者。1951年4月,李维汉作为中央人民政府的首席全权代表,负责同西藏方面商谈和平解放西藏问题,最后,终于达成了《关于和平解放西藏办法的协议》。

1956年,国内政治形势发生变化,社会主义改造已出现高潮。李维汉敏锐地观察和分析了国内的变化,向党中央提出了适应新的形势和任务的统一战线工作方针的建议。1月28日,他主持起草了《1956年到1962年统一战线工作的方针(草案)》(简称"七年方针")。李维汉草拟的"七年方针",经反复酝酿修改后，在全国统战工作会议上讨论通过，经批准后成为社会主义改造基本完成以后统战工作的一个根本指导方针。在李维汉的倡议下，全国政协出面在北京创办了社会主义学院。各地也举办了政治学校和工商界短期培训班，使一大批党外人士和知识分子加强了政治理论学习。

从1959年起，苏联政府背信弃义撕毁合同，撤走专家。再加上"大跃进"和"反右倾"的错误的影响，我国开始进入三年困难时期。另外，1957年的反右派斗争，又使一些党外人士人心惶惶、紧张不安。针对这种情况，李维汉在统战工作中提出了"和风细雨神仙会"的方法。1959年底到1960年初，民建和全国工商联召开全国代表大会，他向民建和全国工商联的领导人，提出了"神仙会"的建议，即实行"三自方针"（自己提出问题、自己分析问题、自己解决问题）和"三不主义"（不打棍子、不戴帽子、不抓辫子）。"神仙会"建议的提出，使到会者解除顾虑，敞开思想，畅所欲言，会议开得生动活泼，大大调动了党外人士的积极性。后来，"神仙会"的方法又推广到各地，推广到工商界、知识界和全体民主党派成员中，从而缓和了党同各民主党派和非党外人士的紧张关系，增强了统一战线内部的团结。

李维汉晚年仍然非常关心党的统战工作和民族工作，持续对统一战线理论的研究与建设作出了贡献。1983年4月，中共中央统战部召开新中国成立以后第一次统战理论座谈会，86岁高龄的李维汉，不顾年迈体弱，仍坚持亲自撰写提纲，到会作了近三个小时的统战理论问题报告。1983年9月，李维汉发表了《毛泽东思想指导下的中国统一战线》一文，在党内外引起了广泛的反响。这篇文章全面系统地阐明了统一战线的理论、政策，总结了具有中国特色的统一战线的基本规律，是一篇很有价值的经典之作。

1984年8月11日凌晨，一个忠诚的共产主义战士，一个直到生命最后一刻还惦记着党的事业的老共产党员的心脏停止了跳动。不过，值得欣慰的是，浸透着李维汉数年心血的长达68万字的回忆录《回忆与研究》，已于1986年出版发行了。在此之后，人民出版社又出版了《李维汉选集》。这些著作是李维汉留给人民极其宝贵的精神财富。他的名字以及他为党的统一战线事业所立下的赫赫功绩也将永远镌刻在全国人民心中。

李维汉故居

李维汉故居始建于清道光年间，2005年长沙县人民政府进行修复。故居为三进砖木结构平房，有房屋44间。正堂屋

高大亮爽，屋与屋之间有天井、回廊。大院正中为过廊，过廊后进入后栋。后栋有5间正屋和诸多杂屋。

李维汉故居于2011年1月被湖南省人民政府公布为湖南省文物保护单位；2011年9月被中共长沙市委宣传部公布为长沙市爱国主义教育基地；2020年3月被中共湖南省委宣传部公布为第五批湖南省爱国主义教育基地。

维汉小学

长沙市长沙县高桥镇维汉小学原名松竹小学，已有30余年的建校历史。由于面积狭小，校舍年久失修，1997年，在扶贫小组的扶助下，建设了一栋新的三层教学楼，学校于1998年8月迁至新址。维汉学校的教师以"求真务实、开拓创新"而闻名于千家万户，他们以"爱生如子，诲人不倦"的教风为社会培养了大量人才。

学校严格执行党的教育方针，以培养学生的创新精神和实践能力为重点，全面提高学生素质。一方面，优化了学科教学，按教育部的计划合理设置课程，让学生掌握必要的基础知识和基本技能，将外语、微机、健康教育和道德法制教育纳入课程计划，增强学生适应社会的能力；另一方面，学校也开展了一系列活动，如运动会、学雷锋活动、植树活动、设立红领巾监督岗等。这些活动，不仅丰富了学生的课余生活，加强了对学生的思想教育，也锻炼了学生的能力，使学生在德、智、体、美、劳等方面得到全面发展。在老师的辛勤培育下，同学们具备了良好的道德品质和学习、生活、劳动习惯。他们尊敬师长，

团结同学，勤奋学习，天天向上，形成了"团结、勤奋、求实、创新"的校风，他们就像一棵棵幼苗，在维汉学校的沃土中茁壮成长。

志民村

志民村简介

志民村是"花炮之乡"浏阳市高坪镇下辖的一个村庄,山多田少不邻交通要道和城镇。志民村是开国上将李志民的家乡,于2001年由马栏、中溪、西坑、双坑四个村合并而成,为了纪念李志民将军的卓越贡献,村子以他的名字命名。

志民村是长沙新农村建设示范村,2019年被评为国家森林乡村。该村拥有丰富的历史文化和民俗文化,周边有谭嗣同墓、浏阳石牛寨、浏阳李氏家庙、欧阳予倩故居、胡耀邦故居、沈家大屋、浏阳宝盖寺等景点景区,拥有三朝送号、浏阳河酒制作技艺、长沙花鼓戏(浏阳)、浏阳生育寿诞风俗、浏阳文庙祭孔古乐、浏

阳客家风情、浏阳节日风俗等民俗文化，拥有大围山梨、浏阳红桎木、浏阳茴饼、浏阳炒米、天岩寨柑橘等特产。

志民村有浏阳东乡规模最大的敬老院，为几百多位老人提供老年生活保障，帮助他们安享幸福晚年。村部建设了休闲文化广场，有乡村舞台、散步公园、荷花池等，是村民们休闲活动的重要场所。此外，村里还开设了便民诊所，与城镇医院开展合作医疗。

漫步在志民村，整洁的油沙路在红叶紫兰树的守护下绵延而去，凉亭、便民码头、休闲文化广场、传统文化符号等在荷花池的映衬下显得古色古香。

得益于良好的党群工作，自2015年来，志民村修建了8个凉亭、9个休闲屋场，安装了360盏路灯，种植绿化树木5000余棵。村民自筹资金200余万元，投工投劳2000余个工作日，改善了村容村貌，提升了幸福感。随着各个村组的小景观逐步建成，村里打算通过统一规划将其串联起来，打造"养生福地·醉美志民"的乡村旅游品牌。

李志民生平

李志民，中国人民解放军上将，原名李凤瑞，学名李明阶，曾用名李轩。1906年7月9日生于浏阳县（今浏阳市）高坪区西坑村一个贫苦农民家庭。9岁时开始读私塾，后入初级小学。1920年考入甸溪高级小学，接受进步思想影响，积极参加爱国运动。1924年回乡教书，并当过小学校长。1925年开始参加农民运动，被选为乡农民协会副委员长，领导群众开

展反霸斗争。后被选派到由共产党人开办的高坪区暑期政治讲习所和浏阳县党务研究所学习，接受马克思主义教育。1927年4月加入中国共产党。大革命失败后，在家乡秘密组织农民协会坚持斗争。1928年3月参与组建区游击队，在家乡开展武装斗争。同年12月调入中国工农红军第五军，参加了中央苏区历次反"围剿"作战。赣州战役中，率团英勇抗击国民党军进攻，出色地完成了掩护兄弟部队突围的任务。1934年10月随中央红军长征，与营长彭绍辉率教导营担任红三军团后卫和收容任务。1935年7月起任军团卫生部政治委员、陕甘支队第三纵队政治保卫分局二科科长。到陕北后，任红一方面军第一军团四师政治部组织科科长，参加直罗镇战役。1936年1月任红四师第十一团政治委员。东征战役回师陕北时，率部担负后卫任务，掩护部队西渡黄河，同时检查部队执行群众纪律情况，完成了毛泽东赋予的收尾工作，扩大了中共和红军的政治影响。5月任红八十一师政治部主任，参加西征战役。在攻打李旺堡时，注重采用军事压力与政治攻势相结合的战法，利用风筝、"孔明灯"等方式向敌营飘送传单，同时组织宣传队，对守敌进行抗日宣传，唱抗日救亡歌曲，促使其自动撤离，并列队热情欢送，创造了以政治攻势克敌制胜的成功战例。1937年春任红二十七军政治部主任,后入中国抗日军政大学(简称"抗大")学习。

抗日战争爆发后,任抗大第5队队长兼政治教员、组织科和干部科科长。1939年夏随抗大总校到晋察冀敌后办学,任组织部部长。1940年初调任抗大第二分校政治部主任。李志民认真贯彻抗大教育方针,边参加战斗,边坚持办学,培养训练了大批军政干部。1943年任晋察冀军区第一分区副政治委员、军区政治部组织部部长,参加北岳区秋、冬季反"扫荡"。1944年任第四分区政治委员兼中共地委书记、冀中军区副政治委员兼政治部主任,参与领导恢复、巩固和扩大冀中抗日根据地的斗争。1945年曾协助军区司令员杨成武组织指挥大清河北等战役。抗日战争胜利后,任冀中军区野战纵队政治委员、晋察冀军区第三纵队政治委员、晋察冀野战军第二纵队政治委员,率部参加平绥路、保南、正太、青沧、

保北、清风店、石家庄、察绥等战役。平津战役中，参加张家口、宣化等地的作战。1949年任中国人民解放军第二十兵团政治部主任、第十九兵团政治委员，率部参加太原、兰州、宁夏等战役。

新中国成立后，于1949年冬兼任陕西军区政治委员，组织领导部队剿匪和参加修建宝（鸡）天（水）铁路及屯田垦荒。1951年初参加抗美援朝战争，任中国人民志愿军第十九兵团政治委员，参加第5次战役和秋季防御战。1952年12月任志愿军政治部主任，参与组织指挥1953年夏季反击战役和金城战役。朝鲜停战后，于1954年任志愿军副政治委员兼政治部主任，1955年任志愿军政治委员，参与领导志愿军部队积极支援朝鲜人民重建家园。1957年回国后，任解放军高等军事学院副政治委员兼政治部主任、政治委员，致力于军队院校教育事业。"文革"中曾遭受迫害。1972年任福州军区政治委员。1977年任中共中央军委委员。1980年任军委顾问。是中共第八届中央候补委员，第十届、第十一届中央委员，第一届、第四届全国人大代表。1982年当选为中共中央顾问委员会委员。1955年获一级"八一勋章"、一级"独立自由勋章"和一级"解放勋章"。1987年11月16日在北京病逝。曾主持编审《中国人民志愿军抗美援朝战争政治工作》《中国人民志愿军抗美援朝战争政治工作总结》两书。著有《革命熔炉》《李志民回忆录》等。

从历次反"围剿"到西征，从西北战场到三八线南，从中队政委到军区政委，李志民上将纵横万里，驰骋疆场60年，积累了丰富的政治工作经验。他文韬武略，所编著的《革命熔炉》《中国人民志愿军抗美援朝战争政治工作总结》等书是军队政治工作与党史研究的宝贵财富，而擅打政治仗更是他驰名军中的华美篇章。

李志民故居

李志民故居位于浏阳市高坪镇志民村塘头组。故居始建于清代末年，坐西朝东，砖木结构，小青瓦屋面，建筑面积140平方米，为普通民房建筑。整体建筑因年久失修，损坏严重，2002年按原貌重建，2006年7月复原陈列了李志民的卧室、书房等，并陈列李志民生平事迹。

2011年1月，李志民故居被浏阳市人民政府确定为浏阳市文物保护单位，2011年9月被中共长沙市委宣传部确定为长沙市爱国主义教育基地，2020年3月被湖南省委宣传部确定为第五批湖南省爱国主义教育基地。

淮洲村

淮洲村简介

淮洲村位于浏阳市社港镇东部,占地面积9平方千米,全村耕地面积1.38平方千米,林地5平方千米,辖28个村民小组,水面4.3万平方米,全村842户,3033人。设党支部1个,共有党员94人,共青团员168人。村内有小学1所,卫生室1所。

淮洲村地处浏阳、平江交界处,是通往周洛风景区、石牛寨风景区的必经之地,有发展红色旅游的天然地理基础。社港镇依托寻淮洲故居,围绕

红色资源做文章，打造红色文化与生态旅游有机融合的特色旅游品牌，"红色旅游＋绿色产业"逐渐成为当地经济发展的新引擎。

如今，淮洲村赓续红色基因，红色热土悄然发生巨变。行走在田园间，随处可见寻淮洲留下的红色印记。在黄狮组荷池旁一块巨石上，篆刻着"淮洲屋场"4个红色大字。这里是当地红色旅游景点之一，而不远处的67万平方米荷花种植基地也声名在外。

近年来，淮洲村采取"支部＋公司＋基地＋农户"的模式，大力发展绿色种养业，建成了黄花菜基地、生态水果基地、桑蚕种养合作社等，"以红带绿"走出了一条优化产业结构、壮大集体经济的发展之路。

寻淮洲故居周边，"十里观光农业走廊"粗具规模，一个个农家乐冒出来了，"荷"主题文化节办起来了……2021年，淮洲村集体收入突破33万元，先后获评湖南省两型村庄、湖南省省级乡村振兴示范创建村等。

下阶段，社港镇将启动寻淮洲故居修缮工程，新建寻淮洲生平事迹陈列室与故居游客服务中心，打造湘赣边知名红色文旅区，展现社港红色之光、绿色之美。

寻淮洲生平

寻淮洲是中国工农红军高级指挥员，是红军里最年轻的军团长，于2009年被评为"100位为新中国成立作出突出贡献的英雄模范人物"之一。1912年生，湖南浏阳人。1927年加入中国共产主义青年团。同年9月随浏阳工农义勇队参加湘赣边界秋收起义，后随部队到井冈山，参加开辟井冈山革命根据地的斗争。1928年加入中国共产党。先后任中国工农红军第四军排长、连长，参加井冈山革命根据地反"会剿"作战。在大柏地战斗中，寻淮洲率全连英勇杀敌，子弹打光了，就用树枝、石头当武器。激战中，他左臂受伤，仍坚持率部追歼逃敌，直到战斗胜利。1929年春随红四军转战赣南、闽西。

1930年，寻淮洲调任红一军团第十二军三十四师营长、团长。当时，年轻的粟裕也在红一军团第十二军，两人就这样成为战友。很快，国民党发起了"围剿"攻势，毛泽东为了围歼敌人，特意点了寻淮洲的将，让他带领一个团牵制数万敌军，给主力部队争取机会。

这个任务无疑非常艰难。寻淮洲却非常有信心，他率部打造了精妙的防线，成功凭借一个团的兵力顶住了数万敌人的猛攻。由于寻淮洲死死牵制敌人，其他部队才有了包围敌军的时间，最终我军在第一次反"围剿"战斗中大获全胜，消灭了张辉瓒的主力。

自此，寻淮洲成了红军中的天才。他年纪轻轻就能熟练运用各种战术，作战时不仅打仗十分勇猛，而且把握战机、临阵应变的能力十分出色。

寻淮洲在随后两次反"围剿"中大放异彩，朱德等人对他的表现都赞不绝口。随着第四次反"围剿"战斗的到来，寻淮洲再一次展现了他非凡的军事才能。他先是率部牵制国民党多个师的兵力，为黄陂等地作战的主力部队争取了机会，确保了战斗胜利。随后，寻淮洲又随红五师从江西广昌出发，连续打

败强敌，带领部队成功开辟了闽北新苏区。

在中央革命根据地，寻淮洲率部南北转战，屡建战功，获二等红星奖章，并被选为中华苏维埃共和国中央执行委员。

1934年7月，寻淮洲和政治委员乐少华等奉命率由红七军团组成的红军北上抗日，从瑞金出发转战闽浙皖赣边，作战数十次，先后攻占罗源、庆元等城镇。11月率部进入闽浙赣苏区，与方志敏领导的红十军合编为红十军团，寻淮洲任第十九师师长，继续率部北上。同年12月，在安徽太平（今黄山）谭家桥战斗中，寻淮洲指挥部队同数倍于己之敌展开激战。14日，当战斗进行到关键时刻，寻淮洲亲自带一个排争夺乌泥关制高点，不幸腹部中弹。在弥留之际，他口中还在反复地念着："北上抗日！北上抗日！"因流血过多，寻淮洲壮烈牺牲，年仅22岁。

红军将士为失去一位年轻的杰出指挥员而痛惜。方志敏动情地说：寻淮洲同志是红军中一个很好的指挥员。他指挥红七军团在两年中，打了许多有名的胜仗，缴获甚巨。他很细心学习军事学，指挥灵活，他作战勇敢，曾五次负伤。他还只有22岁，他的牺牲是红军中很大的损失。

从 15 岁参加革命开始，到 22 岁牺牲，寻淮洲的革命生涯只有短短 7 年。可他却靠着自己杰出的才华，为革命事业作出了巨大贡献，也给人们留下了永远的遗憾。

寻淮洲故居

寻淮洲故居位于浏阳市社港镇淮洲村黄狮塘组，始建于清道光年间，为省级文物保护单位。

寻淮洲故居坐北朝南，土木结构，是三合院形式的普通民居建筑，主体建筑面阔五间，夯土墙，悬山顶，覆小青瓦，东侧设横屋（四间）一栋，西侧建有厨房、牛栏、猪圈、灰屋等，

为湖南浏北地区普通民居建筑。故居建筑面积约 700 平方米，展线长度 3000 米。故居内设有寻淮洲生平陈列，有实物 62 件，图片 62 幅。

2011 年 1 月，寻淮洲故居被公布为湖南省文物保护单位。2012 年对故居进行了修缮，开辟寻淮洲烈士生平事迹陈列室，免费对外开放。2013 年投入 100 余万元进行了规划、修缮设计、周边基础设施建设等工作，按原貌复原建设了故居 4 间，陈列室 5 间，修通了村道至故居的 1000 米硬化水泥路，新建了故居停车场，完善了周边配套设施。

淮洲完小

以寻淮洲的名字命名的淮洲完小，定期举办以"传承红色基因，从现在的我做起"为主题的思政课，以故居作为爱国主义教育基地与社会实践基地，培养了一批本校的小小红色宣讲员，利用节假日时间带领游客重温红色故事。

特立村

特立村简介

特立村是伟大的革命家、教育家徐特立的故乡。特立村位于长沙县江背镇东南部，总面积9.8平方千米，耕地面积3.21平方千米，辖23个村民小组，近1100户3900余人。

特立村原来以种植水稻为主，后通过加大产业结构调整的力度，种植花卉苗木形成主导产业，同时加大科技投入力度，花木种植已由过去单一的、经济效益较低的模式发展为多元的、经济效益较高的模式，呈现出阶梯式发展的趋势。

特立村非常重视环境面貌的改善，通过投入大量资金普建垃圾池，积极宣传环保理念，倡导全村人民参与"爱卫爱家"行动，特立村打造了以环境优美的三叉河风景线为代表的绿色家园。作为徐老的家乡，特立村积极发展教育事业，适龄儿童入学率达100%。每年向村级小学投入资金2万多元，完善村级小学教学设施建设。对留守儿童特别关注，实行村干部"分片包干"制，通过上门走访了解情况，帮助解决实际困难。同时，重视农村文化阵地建设，村民活动中心综合文化活动、远程教育、"农家书屋"、未成年人活动、人口学校、党建工作等全面开展。

特立村因为有徐特立同志故居和徐特立创办的五美中学，以及徐特立在这里开展革命活动而成为海内外闻名的红色地名。

徐特立生平

徐特立，1877年出身于长沙县五美乡（今属江背镇）的一个贫苦农民家庭，从小就体会到农民所受的残酷剥削。9岁时，父兄因愤于不识字受欺压，凑钱让他读私塾。他读了六年书，又因无钱辍学在家，曾跟随一个和尚学习禅宗。后来他在家劳动，又教私塾。1905年因清政府废科举办新学，他考入长沙城宁乡速成中学，毕业后当高小教员，又应聘长沙周南女校。

1907年发生清政府向外国屈辱妥协的事件。1909年，徐特立在学校作时事报告时，讲到激愤之处，他热泪如倾，竟拿菜刀把自己的左手小指砍掉，蘸着血写了抗议书，写完当场晕倒。这一"抽刀断指"

的举动，顿时蜚声全省，徐特立也被当时的有进步思想者称为最有血性的激进人物。

1911年，辛亥革命爆发，徐特立积极参加湖南起义，被推为长沙副议长，翌年又任省教育司的科长。他一身清正，进入官场后，顿觉黑暗无比，不久后重返教育界，任长沙师范学校校长。1919年，国内兴起赴法国勤工俭学热潮，时年已42岁的徐特立也报名前往，成为年纪最大的留学生。在法国四年期间，他边做工边学法语，后入巴黎大学学习自然科学。回国后，他任长沙第一女师校长，被公认为湖南教育界的名流。

1927年初大革命高潮时，徐特立参加了湖南农民协会并任教育科长，又在左派掌权的国民党长沙市党部任农工部长。同年夏天，大革命失败，徐特立以50岁高龄入党。随后，他参加了南昌起义，任师党代表。部队失败后，他决定同贺龙一起上山打游击，只是因病未能跟随，被派赴莫斯科中山大学学习。他学通俄语后，系统研究了马列主义，并同吴玉章、瞿秋白共同研究汉语拉丁化拼音。

1930年末，徐特立潜回国内，赴江西革命根据地，后在中华苏维埃政府任教育部副部长（部长为瞿秋白）。1934年，他随红军长征。一路上，他挂着一根竹杖，扛着防身用的红缨枪，和大家一同行军。瞿秋白在和他告别时换给他一匹好马，他却总是让给伤病员骑。据统计，长征两万五千里，徐老骑马不过两千里，于是便有了这句话——"徐老徐老真是好，不骑马儿跟马跑"。

到达陕北后，中共中央为他庆祝60岁寿辰。毛泽东写信致贺，称徐老"今后还将是我的先生"。抗战爆发后，徐特立先到国民党统治区做中共代表，1940年回延安任自然科学院院长，在党的七大上当选中央委员。他老当益壮，年近70还参加了延安青年体育运动会的游泳比赛。1947年，中共中央为他庆贺70岁诞辰，毛泽东的题词是"坚强的老战士"，朱德的题词则是"当今一圣人"。

新中国成立后，徐特立任中共中央宣传部副部长。因年老记忆力减退，他主动申请免职。但是，他仍关心国事。此后，徐老身体日衰，难以外出，于1968年去世。

徐特立同志故居

徐特立同志故居位于长沙县江背镇特立村观音塘组，为典型的清末南方农村四合院建筑。故居始建于清同治年间，距今有150年左右的历史，是我国著名的无产阶级革命家和杰出的教育家徐特立出生、成长和曾经从事教育活动的地方。徐特立同志故居系徐家祖业，清末同治年间由徐特立的祖父所建。1889年，伯祖父去世，徐特立被过继给伯祖母为孙，来此居住，开始读书。1897年因家中经济困难，徐特立制订了"十年破产读书计划"，自学成才。1913年，徐特立捐居办学，为当地贫苦农家孩子提供免费上学的机会。1914年改建，其后两次扩建并多次维修。占地面积约1700平方米。坐北朝南，中轴线上依次有大门、过厅、庭院、上屋等，左右建厢房、杂屋。1916年，徐特立在此开设五美高级小学后，房舍除上屋东侧及东厢房计9间留用外，其余均归学校管理。1927年，徐特立参加革命后，房屋和学校由其妻熊立诚管理。

作为保存至今的清代农村四合院建筑，徐特立同志故居具有较高研究价值。故居门前有两排侧柏，是1919年徐特立去法国留学带回种子，亲手栽种的。天井中还有徐特立青少年时期亲手栽种的两棵桂花树和两棵柚子树。1980年，故居修缮一新，并复原陈设有徐特立夫妇和徐特立次子的妻子徐乾以及教员陈昌、毛达恂等人的住房。屋内陈列丰富，有专门的事迹陈列室、徐特立铜像、生前所用物品陈列和当年徐特立办学堂的教室的复原陈列。1983年被公布为湖南省重点文物保护单位。

五美中学

现在的长沙县五美中学，前身是1913年徐特立创办的济贫完小，后迁到现址并更名为长沙县五美中学。这所学校是徐特立最初以自己的住房为基础建立的，现在学校与他的故居还连在一起。

五美中学在长沙县江背镇灵秀的笔架山下，迷人的浏水河畔。处于农家田野中的校园，幽深静美，绿荫遍地，校舍古朴，书香满园。20 世纪 60 年代，时任湖南省副省长的周世钊（毛泽东在第一师范时的同学），专程来到江背镇，下车后，步行 10 千米才到达观音堂，即徐特立的故居，也是当时五美小学的校址。学校前贴平旷的田野，后倚绿树成林的小山，风景清幽，远离尘嚣，的确是一个学习的好地方。校门上有徐特立亲题的"五美学校"的校牌，会议室墙壁上挂有徐老的照片。

走入学校的大门，首先看到的是天井中的四棵树，其中有两棵桂花树，苍劲挺拔，有一种使人内心安稳、沉着的力量。这两棵桂花树是徐特立 20 岁时亲手栽种的，到现在已经有 120 多年了。1895 年，18 岁的徐特立决定以教书为业，经过十几年的艰苦奋斗，学生遍布长沙各个学校和各个领域，毛

泽东、蔡和森、何叔衡、李维汉、田汉等都是其学生。徐特立加入中国共产党后，在教育战线上投入了自己的全部精力，为中国共产党培养了大量的政治、经济、科学、军事、文化人才。党中央评价他是"中国杰出的革命教育家"。

向左走到里面西边的一间教室，课桌整齐地摆放在教室内，教师卧室紧挨在教室旁边。20世纪初，徐特立任教于长沙几个学校。任教期间，徐特立勤俭节约，生活极为俭朴。为了节省开支，他的家人一直留在乡下居所，妻子熊立诚在老家养猪种菜，维持家庭基本生活。他每次回家，都是步行40千米，舍不得午餐费，只带些家炒的薯片路上充饥。徐特立节省的资金，就是用来维持这所小学的开销。1915年，为了解决校舍问题，他改建了自家老屋，扩建了两间教室，在原来初级小学的办学基础上，创建了五美高级小学。

从教师宿舍出来，走入西厢房"徐特立生平业绩陈列"展厅。展厅按照"坚强的老战士""杰出的教育家""一代师表革命楷模"三大专题进行展示。展厅内陈列着徐特立穿过的衣物、用过的装书籍的箱子等珍贵文物，以及记载他伟大事迹的一张张照片。这些文物和照片述说着徐特立经历过的那些峥嵘岁月。

在众多照片中，"断指反帝"这张照片体现了这位温厚长者激烈的反帝反封建、爱护人民的爱国主义精神。1909年12月8日，徐特立在给全校师生作时事报告时，揭露了帝国主义侵略中国的暴行，以及清政府崇洋媚外、欺压百姓的各种罪行，讲着讲着，抑制不住激动的情绪，直奔厨房，取来菜刀，当众砍下一截手指，用鲜血写下了"请开国会，断指送行"八个大字。徐特立"断指反帝"的壮举激励了在场的所有师生，很快传遍长沙、湖南乃至全国，鼓舞了一大批青年走上了救国救民的革命道路。毛泽东回忆说：这给了我对革命的第一次感性认识。

向堂屋走去，堂屋门上悬挂着毛泽东为老师70寿辰题写的"坚强的老战士"木质牌匾，屋内安放着徐特立坐姿铜像。

从堂屋出来，向左走依次是四合院东边徐特立夫妇的卧室、换衣室、饭堂、烤火房、厨房，以及徐特立儿子徐笃本和徐厚本的卧室等展厅。作为伟大的革命家和教育家，徐特立在事业上的成就与其妻子熊立诚的坚定支持是分不开的。徐特立曾经饱含深情地讲道：我自辛亥革命前，即进城办教育，把妻室儿女留在农村；后来离开家乡到法国留学，接着回国参加革命，十年来，与家庭隔绝，不通音讯，这都是反动派的压迫所致。我是一个有血有肉有情感的人，我爱自己的家庭，爱自己的妻室儿女。但国家的问题还没有解决，革命还没有成功，国破家何在？

在徐特立和熊立诚的教育下，徐笃本、徐厚本兄弟先后投入到国家和民族的解放事业中。长子徐笃本，少年时代就投入了革命，并加入了中国共产党，1927年牺牲时年仅21岁。1938年，小儿子徐厚本自延安返回长沙开展工作时，途中不幸染病去世。

当年的小学，如今早已成为中学。五美中学现有学生公寓两栋，教师宿舍两栋，教学大楼一栋，综合大楼一栋，校园路面全部硬化，绝大部分区域已经绿化，绿化面积18029平方米，绿化率达到55%，整个校园分区合理，布局协调，学生学习、生活、运动、休闲设施完善。学校校园面积32365平方米，总建筑面积16425平方米，教学用房面积5082平方米，生活用房面积8458平方米，办公用房1180平方米。学校教师团结务实，开拓进取，以身作则，廉洁勤政，不断更新教育思想和观念，在教育教学、学校管理等方面勇于探索和创新。学校管理以人为本，以德治校，法德并用。重视和加强对教职工的人格修养教育，学生参加高考，成绩一直名列长沙县前列。

长沙县五美中学，有着辉煌的历史，更有着美好的未来。在长沙县高中布局调整的背景下，2011年，学校停办高中，改成全日制初级中学，规模虽有所减少，但学校的历史传承从未改变，学校将为把五美中学打造成一流的农村初级中学而更加努力奋斗。

淑一村

淑一村简介

  淑一村是长沙市望城区白箬铺镇下辖的行政村，与古山村、胜和村、金峙村、齐天庙村、大塘村、黄泥铺村、龙莲村、龙唐村、白箬铺社区、光明村相邻。这里是中央文史研究馆馆员、革命烈士家属李淑一的故乡。这里流传着许多革命故事，蕴含着丰富的红色文化内涵。近年来，在"红色文化"的核心概念上，淑一村不断挖掘先辈留传的红色记忆和遗产，翻修整建李淑一

及其父亲李肖聃故居，建造蝶恋花文化广场，通过景区化打造，极大地提升了淑一村红色文化品牌的知名度和美誉度。淑一村以红色景点为基石，提振乡村特色产业，带动了红色乡村和产业兴旺同步共建、融合互动。此外，淑一村还通过充分发挥"山山白箸，满目桃花"自然地理资源优势，重点打造"一村一品"特色，探索出了一条黄桃种植的发展路子，黄桃种植规模现已达到 27 万平方米，为村庄带来丰厚收益，带动全村上下致富。目前，黄桃种植已经成为淑一村除稻谷之外的第二大产业。

2021 年 11 月，淑一村被确定为 2021 年湖南省乡村振兴示范创建村。

李淑一生平

李淑一生于 1901 年，是长沙市望城区白箸铺镇人。她与毛泽东夫人杨开慧为早年同学、密友。其父亲李肖聃是毛泽东的老师，是现代教育家、历史学家，曾任湖南大学教授。其丈夫柳直荀是毛泽东的战友、革命烈士。1932 年 9 月，柳直荀在湖北洪湖牺牲。此后，李淑一一直孀居，含辛茹苦，抚育两个烈士遗孤长大成人。1951 年，李淑一加入中国民主同盟。曾任中央文史馆馆员、湖南文史馆馆员。1997 年 6 月 13 日逝世，享年 97 岁。毛泽东评价李淑一"抚孤成立,艰苦备尝"，

朱镕基赞扬李淑一"忠贞不易，艰苦备尝"。为了纪念这位伟大、坚强的女性，李淑一的故里桃林村改名为淑一村，并建成了李淑一珍藏馆。这是一个村级自主打造的名人纪念馆，里面收藏了不少珍贵文物，包括毛泽东写给李淑一的三封亲笔信，李维汉、徐向前、朱镕基亲笔题词等诸多近现代珍贵的红色历史文物。

蝶恋花·答李淑一

我失骄杨君失柳，杨柳轻飏直上重霄九。

问讯吴刚何所有，吴刚捧出桂花酒。

寂寞嫦娥舒广袖，万里长空且为忠魂舞。

忽报人间曾伏虎，泪飞顿作倾盆雨。

（一九五七年五月十一日）

1933年夏天的一个晚上，李淑一在梦中见到丈夫衣衫褴褛，血渍斑斑，不禁大哭而醒，于是连夜写下了《菩萨蛮·惊梦》一词。词曰："兰闺寂寞翻身早，夜来触动离愁了。底事太难堪，惊侬晓梦残。征人何处觅？六载无消息。醒忆别伊时，满衫清泪滋。"从词中可以读出，李淑一始终痴情地等待着丈夫的消息。

直到新中国成立初期，毛泽东才写信告诉她"直荀牺牲"的噩耗。毛泽东对李淑一的工作和生活十分关心。有人曾请求毛泽东推荐远在长沙的李淑一去国家文史馆当馆员。然而，此事使毛泽东十分为难，他于1954年3月2日就这件事，写信给秘书田家英说："李淑一女士，长沙柳直荀同志（烈士）的未亡人，教书为业，年长课繁，难乎为继。有人求找将她存到文史馆为馆员。文史馆资格颇严，我荐了几人，没有录取，未便再荐。拟以我的稿费若干为助，解决这个问题。未知她本人愿意接受此种帮助否？她是杨开慧的亲密朋友，给以帮助也说得过去。请函询杨开智先生转询李淑一先生，请她表示意见。"从这封毛泽东给田家英的信中，可以了解到，毛泽东曾向文史研究馆推荐馆员，但"没有录取"，在这样的情况下，他决定用自己的稿费来帮助李淑一解决生活上的难处。

李淑一珍藏馆

李淑一珍藏馆是全国唯一一家由村级自主打造的名人纪念馆。三封手稿杨柳情，一曲蝶恋千古吟，李淑一漫长而艰苦的革命岁月映照在纸间。在一间面积不大的陈列室里，珍藏着李淑一生前旧物和42封手稿等红色历史文物近400件，展馆分为"同学少年 风华正茂""三湘灵秀 革命先驱""蝶恋情深 传颂国门"等五个篇章，泛黄卷边的信笺叙说着毛泽东、杨开慧、柳直荀、李淑一四人之间的革命情谊。

郭亮村

郭亮村简介

  郭亮村位于长沙市望城区铜官街道中部,南接长沙铜官窑国家考古遗址公园和中国特色景观旅游名村彩陶源村,北边紧邻长沙望城高新技术产业开发区,西连潭州社区、高岭社区,东与茶亭镇西湖寺村交界。

全村面积9.1平方千米，辖47个村民小组，耕地面积2.3平方千米，人口3899人，其中党员143名。现郭亮村由原联霞、大兴、和平三村合并而成，是湖南无产阶级革命家、著名工人运动领袖郭亮烈士的故乡，拥有得天独厚的红色旅游资源。

近年来，郭亮村以"红色热土"为主题，以"美化、绿化、亮化、净化、序化"为标准，建设谭家嘴美丽宜居村庄。

通过党建引领，群众自筹自建、投工投劳，充分利用水库等自然资源，郭亮村打造了红色长廊、廉政广场、郭亮渔文化基地和农家乐相结合的农旅休闲项目。

千年窑火，生生不息。在郭亮村，说起陶瓷，大伙都能聊上几句。铜官历来有"千年陶都"的美誉，郭亮村继承了千年陶都文化，部分村民以制陶、做瓦和湘绣为生计，村里除了陶瓷手工作坊，还引进了多家陶瓷企业，解决了村里部分村民的就业问题。

未来，郭亮村将传承好红色基因，持续提升乡村振兴内生动力和发展活力，利用好红色资源和自然资源发展农文旅融合产业，同时激活传统文化产业，实现"红绿古"多元发展，助推乡村振兴工作迈上新台阶。

在发展经济社会的同时，郭亮村还积极响应望城区委区政府的号召，不断加强新城镇化建设，积极打造"红色郭亮"，以"弘扬烈士精神，共建美好家园"为主题，加快郭亮村经济社会建设，不断提高村民生活水平。

郭亮生平

郭亮，曾任中共中央候补委员、湖南省委书记，工人运动领袖。郭亮是湖南省长沙县（今望城区）人，1901年12月3日出生于长沙县临湘都文家坝。原名郭靖笏，因仰慕诸葛亮而改名郭亮。6岁入其父的蒙馆。12岁入西湖寺高小预科，后转到长沙县第四高小。1915年秋考入省会长郡联立中学。因家境变故辍学，回乡执教于郭氏祠堂。1920年秋考入湖南省立第一师范，与毛泽东过从甚密，参加了新民学会、湖南马克思主义研究会。1921年10月加入中国社会主义青年团，同年冬，由毛泽东介绍加入中国共产党。1922年5月，中共湘区执行委员会成立，郭亮任委员，分管工人运动，到长沙新河、岳州车站开展铁路工人运动，建立粤汉铁路岳州工人俱乐部，发展党员，组建岳州站支部。同年9月，铁路当局镇压工人，他带头卧轨，发动了震撼全国的粤汉铁路大罢工。11月，全国铁路工会最早的统一组织粤汉铁路总工会成立。郭亮被推选为秘书。同时，湖南省工团联合会成立，毛泽东和郭亮分别当选为总干事和副总干事。1923年夏，毛泽东调中央工作，郭亮继任总干事。

1923年1月，郭亮回铜官领导陶业工人抗税斗争，迫使长沙县府取消"窑门捐""执照税"等。曾任铜官陶业工会名

誉委员长，中共湘区委员会委员、工农部长，湖南外交后援会主席，积极创办《救国周刊》，开展查禁日货、对日经济绝交等爱国活动。

1924年，国共第一次合作，郭亮根据党的指示，任国民党湖南省党部执行委员，负责工农运动。上海五卅惨案发生后，郭亮联络各界成立青沪惨案湖南雪耻会，被公推为主席，组织长沙两万多人举行夏节（农历五月初五）总罢工，宣布对英、日的五项经济绝交公约。12月，郭亮又联合各公法团代表火烧日商趸船，要求收回长沙大金码头。长沙人民的反帝运动再度高涨。

1926年5月，郭亮在第三次全国劳动大会上当选为中华全国总工会候补执行委员。不久，他回到衡阳，同何叔衡、夏曦、曾三、熊亨瀚等组成了国民党湖南省党部特别委员会，大力声援北伐。全省工团联合会正式改组为湖南省总工会后，郭亮任委员长。他耗费大量精力训练学员，扩建工人纠察队，还潜心研究几年来工人运动的经验，写出了《湖南工人运动之过去与现在》一文，以指导当时的湖南工人运动。

1927年4月，郭亮在中共五大上当选为中央候补委员。5月，他代理中共湖南省委书记，应对马日事变后长沙出现的危险局势，后又辗转到武汉，出席第四次全国劳动大会，当选为全国总工会执行委员。

南昌起义前夕，中共中央长江局派郭亮到贺龙部做政治工作，参与拟订武装起义的作战方案。8月任农工委员会委员，参加南昌起义军南征。在广东潮汕地区失利后，郭亮经香港到上海找到党组织，被党中央任命为湖北省委书记。1928年1月又被任命为新组建的湘西北特委书记，由于工作需要尚未启程，又改任湘鄂赣边特委书记。

郭亮在岳州化名李材开了家"李记煤钱"，作为特委机关，又另开一处饭铺作地下秘密交通站，恢复和发展党组织，发动工农开展武装斗争。由于他的努力工作，湘鄂赣三省边界的党组织得到恢复和发展。1928年3月27日，由于叛徒告密，郭亮在岳州被捕并连夜押往长沙，28日午夜，被秘密杀害于长沙司门口"湖南铲共法院"前坪。他的头颅挂在司门口示众三天三晚，又移至他的老家铜官东山寺戏台示众。牺牲时年仅27岁。

"革命被头挂退的事是很少的。"鲁迅得知此事后曾这样写道，以此来愤怒地痛斥敌人的凶残，高度赞扬革命者的牺牲精神。郭亮的英名在全国广泛流传开来。毛泽东在延安称他是"著名的工人组织者"。中共中央理论刊物《布尔什维克》发表文章，称他是"湖南职工运动的开创者。江西之安源，湖南之水口山、长沙，横亘湘鄂赣三省之粤汉、株萍两路，这些地方工人及其他产业职业工人，都是在他的直接和间接指导下而组织而斗争的。"1957年，在烈士家乡铜官修建了郭亮陵。

郭亮纪念园

郭亮纪念园是湖南省爱国主义教育基地，园内郭亮墓是湖南省省级文物保护单位，郭亮故居是望城区县级文物保护单位。

郭亮故居始建于清末，建筑面积120平方米，坐西北朝东南，平面呈凹字形，五开间两进。原墓是他被害前过世的兄

长墓，1950 年，过世的妻子也埋在一起，现墓为 1957 年重修。郭亮墓于 1972 年、1983 年两次被公布为湖南省文物保护单位。

郭亮陵园，依山傍水而建，山并不高，是一个小小山包，被茂林修竹覆盖；水也不深，是一口小小水塘，但碧波荡漾，为陵园平添几分灵气。墓在山包上，水塘两边分别是故居和新建的陈列室。

郭亮墓从 20 世纪 50 年开始，就被很好地保护起来。郭亮当年被害，为躲避敌人迫害，家人将其埋在早逝的兄长郭砚章的墓中，1950 年，郭亮的妻子李灿英逝世，家人应她的遗愿，将她与郭亮埋到了一起。1957 年，望城县政府修缮郭亮墓时，将其与妻子李灿英、胞兄郭砚章仍然合葬在一起。

墓茔占地面积 50 多平方米，封土呈椭圆形，水泥护顶，用铜官烧的瓷砖砌墓的墓围，墓围直径 5 米，墓后立有二通碑，主碑刻有"革命烈士郭亮 中共党员李灿英之墓"，碑额上刻有红色五星一颗；墓前有陶瓷桌一张，陶瓷凳数条。

1964 年，望城县人民委员会征用烈士墓周围约 17000 平

方米山地辟作郭亮陵园；2001年，为纪念郭亮100周年诞辰，再次扩征陵园山地8000平方米，新建了烈士生平事迹陈列室；1995年，郭亮墓被公布为湖南省第一批爱国主义教育基地；2011年，郭亮110周年诞辰之际，省、市、县在陵园举行了隆重的纪念活动。

郭亮中学

郭亮中学是一所以烈士命名的初级中学，地处郭亮烈士故乡，长沙电厂大道5千米处，距郭亮陵园2千米。学校历史悠久，人文荟萃，新中国成立前就是长沙县铜官乡中心国民学校，新中国成立初期改为长沙县第十二完全小学，1953年更名为望城县西湖完小，1969年更名为望城县西湖中学，1991年经国务院总理李鹏亲自批复，更名为郭亮中学。学校占地面积近2万平方米，校舍总面积近7000平方米，绿化面积达8000平方米，学校现有教学班9个，师生500余人。

学校绿树成荫，鸟语花香，环境幽雅，特别是那两棵古树，枝繁叶茂，矗立于学校前坪，是人鸟嬉戏的"天堂"。学校不断深化内部改革，加强内部管理，激发内部活力，努力形成了"团结和谐、严谨务实"的校风，"诲人不倦、和谐互动"的教风，"学而不厌、善思好问"的学风。

全校教职员工求真务实、开拓创新、团结协作，教育教学质量稳步提升，教育科研硕果累累，学科竞赛捷报频传。近几年来学校毕业会考合格率在96%以上，高中阶段升学率在93%以上，为本县重点高中输送了大量优质生源；教师撰写的论文有百余篇获国家、省、市、县奖励，"生物实验引导教学"课题在全县推广；有40多名学生参加学科竞赛获县级以上奖励；学校先后被评为"望城县示范性学校""望城县文明单位""望城县重点课题研究学校""望城县花园式单位""望城县绿色学校"。

学校发展一直备受上级领导的关注，特别是原副省长唐之享、原副市长张伟珑等领导高度重视，多次来校视察，规划学校建设与发展。近几年来，在上级领导的大力支持下，新建了计算机室、多媒体室、高标准的生化实验室、学生公寓，还新建了苗圃，更换学校北向木窗户为铝合金窗户，对教学楼进行了粉饰和装修等，目前正在筹建远程教育教室1间、高标准计算机室1间，学校日渐净化、绿化、美化，办学条件日益改善，为每一位来校就读的学生提供了优美的学习和成长环境。没有最好，只有更好。学校校长正率领全校教职员工，精诚团结、上下求索，铸教育品牌，育世纪英才，与时俱进，朝着创建长沙市标准化学校目标努力奋斗。

明翰村

明翰村简介

明翰村，位于衡阳市衡阳县洪市镇，是革命先烈夏明翰的故里。2022年被评为湖南省乡村旅游重点村，现存于村的夏明翰故居距今已有280多年的历史，现为国家AAAA级旅游景区、全国爱国主义教育示范基地、湖南省文物保护单位等。村内还有夏明翰党性教育基地、衡宝战役洪市烈士公园、鸿翔伞兵部队纪念碑等优质红色资源。

近年来，明翰村以夏明翰故里景区为核心，依托红色资源和生态资源优势，结合国家、省、市、县乡村旅游发展大战略，打造红色文化游、研学体验游、乡村休闲游、休闲度假游，同时采取"公司＋合作社＋农户"的形式，大力发展生态红米、有机茶园、有机蔬菜等特色农业，建成明翰红坊，带动村民增收致富，将明翰村打造成为湖南省一流、国内知名的红色乡村旅游目的地。

2021年11月，经乡村振兴战略领导小组办公室审核，入选湖南省省级乡村振兴示范创建村公示名单。

夏明翰生平

夏明翰，字桂根，曾随母姓陈，取名日习，祖籍湖南衡阳县，1900年农历八月出生于父亲居官的湖北秭归县。1914年父亲早逝，夏明翰由祖父抚养，思想开明的母亲则主张儿子接受新式教育。祖父和父母两种思想的冲突，使幼年夏明翰养成了喜欢思索和勇于探寻真理的精神。

1917年，夏明翰违背祖父心愿，考入湖南省立第三甲种工业学校机械科。第二年4月，吴佩孚攻陷衡阳城。夏明翰对军阀混战深恶痛绝，也深为国家的前途和命运担忧。在同盟会会员邱海岚的帮助下，他联络了一些志同道合的朋友，成立了革命团体砂子会，开展反对北洋军阀的斗争。

1919年五四运动兴起。夏明翰与各校进步同学一起进行爱国宣传活动，并联合各界人士通电全国，声援北京学生的斗争。1919年6月7日，湘南学生联合会成立，夏明翰当选为第三届总干事，主编发行了《湘南学生联合会周刊》。夏明翰带领调查组和学生义勇军到仓库、商店清查日货，并举行焚烧日货大会。

1920年秋，夏明翰在何叔衡的帮助下结识了毛泽东，成为毛泽东创办的湖南自修大学的第一批学员，开始大量阅读进步书刊。

1921年冬，经毛泽东、何叔衡介绍，夏明翰加入中国共产党。

1922年1月，湖南劳工会领导人黄爱与庞人铨领导工人罢工遭赵恒惕政府杀害，整个长沙城陷入一片白色恐怖。毛泽东找夏明翰等人商讨对策，决定由夏明翰、郭亮、陈佑魁出面，组织召开追悼黄爱、庞人铨大会。会后，夏明翰等率各界群众游行示威请愿，并通电全国，声讨赵恒惕政府的罪行。

1922年9月，湖南自修大学附设了补习学校，由何叔衡任主事，毛泽东任指导主任，夏明翰任教务主任。在校期间夏明翰整理了大量有名教师的专题讲演记录，并交报刊发表。由他整理并发表在当时《大公报》上的讲演稿有《近代欧洲文学史概论》《注音字母与汉字》《低年级的文艺》等30多篇，共10余万字。

1924年，夏明翰任中共湘区委委员，负责农委工作，后兼任组织部部长、农民部部长和长沙地委书记。他大力培养农运干部，积极输送革命青年到广州的全国农民运动讲习所学习。为了推动农民运动的开展，他把刚从广州农讲所和长沙政治讲习所毕业的弟弟夏明震、夏明弼和妹妹夏明衡派去家乡开展农民运动。其弟弟妹妹深入农村发动群众，使衡阳的农民运动成为湖南农运开展得最好的地区之一。

1926年农历九月初四，经毛泽东做媒，夏明翰和郑家钧在长沙清水塘一间简陋的民房里举行了婚礼。中共湖南区委的李维汉、何叔衡、谢觉哉送上的对联云：世上惟有家钧好，天下只有明翰强。婚后1927年春节前夕，夏明翰和郑家钧两人搬来长沙望麓园1号，与毛泽东、杨开慧同住一个院子。

1926年12月1日，湖南区委召开了湖南省第一次农民代表大会和工人代表大会，大会由负责农委工作的夏明翰和负责工委工作的郭亮主持。

1927年2月，毛泽东到武汉举办中央农民运动讲习所。他写信要夏明翰到农讲所工作。夏明翰到武汉后，担任全国农民协会秘书长，兼任毛泽东和农讲所的秘书。

1927年4月12日，蒋介石在上海发动反革命政变，屠杀共产党人和革命群众。夏明翰怒火万丈，悲痛不已，他写道："越杀胆越大，杀绝也不怕。不斩蒋贼头，何以谢天下！"他投笔从戎，参加了第二次北伐的革命军，担任宣传部部长，随军开到河南前线。

1927年6月，夏明翰被调回湖南工作，任省委委员兼组织部部长。党的八七会议后，毛泽东回到长沙，同湖南省委商讨秋收起义计划。夏明翰根据计划安排，向各级党组织宣传和组织秋收起义行动。

1927年9月9日，在毛泽东指挥下，爆发了秋收起义。9月19日，攻打长沙的计划受挫，毛泽东率领秋收起义队伍转向井冈山，创建农村革命根据地。10月间，湖南省委委派夏明翰兼任平（江）浏（阳）特委书记。他的主要任务是以平、浏为中心，继续组织起义，以配合井冈山的斗争。

1928年初，中共中央调夏明翰去湖北省委工作。上海的党中央派李维汉来到武汉，同郭亮、夏明翰研究决定取消两湖年关暴动，制止盲目行动。同年3月18日，夏明翰从谢觉哉那得知交通员宋若林不可靠的消息，在返回汉口东方旅社准备转移时，宋若林带着军警将夏明翰逮捕。3月20日被杀害。

2009年，夏明翰入选"100位为新中国成立作出突出贡献的英雄模范人物"。

夏明翰故居

夏明翰故居位于衡阳市衡阳县洪市镇礼梓村余家组，是全国爱国主义教育示范基地、湖南省爱国主义教育基地、省级红色旅游景区、首批衡阳爱国主义教育示范基地、衡阳市党员教育基地。

夏明翰故居始建于清朝乾隆年间，距今已有280余年的历史。主要由夏明翰故居和明翰纪念广场两部分组成，故居内陈列着夏明翰烈士的铜像、诗稿等近400件文物，还收集了郭沫若、何叔衡等知名人士为夏明翰题写的挽联和诗词。

夏明翰故居是典型的清代湘南民居建筑，大院坐北朝南，土砖木结构，除北边为土砖墙外，外墙青砖砌筑。大院二进六厢，共有房屋 45 间，面积 2316 平方米。夏明翰曾经生活过的 3 间房屋在东南第二进厢房，约 150 平方米。

2002 年，夏明翰故居被列入省级文物保护单位。2005 年，为了加强夏明翰故居的保护和利用，充分发挥其宣传教育作用，中央、省、市、县筹集专项经费对夏明翰故居进行了整体维修，并兴建了明翰纪念广场。2013 年 12 月 13 日，湖南省红色旅游景区评审专家组来到衡阳县，实地察看了夏明翰故居和明翰纪念广场，在洪市镇政府召开了夏明翰故居创建

省级红色旅游景区评审会，对夏明翰故居进行考核验收，认定其为省级红色旅游景区。

明翰广场

明翰广场是为了纪念革命先烈夏明翰，为了世代弘扬明翰精神，缅怀革命先烈，供后代子孙敬仰而兴建的一个集休闲、文化娱乐和商贸于一体的综合广场。

明翰广场总占地面积为4080平方米，总投资约500万元，于2000年12月建成投入使用。由休闲区、文化娱乐区、商贸区组成，区域内设有地下音乐喷泉、高档绿化、花卉和夏明翰铜像、夏明翰文化宫。

夏明翰文化宫坐落于衡阳县城的明翰广场，具有县城地标性质，建于1983年，竣工于1987年，是湖南省第一批县级甲级剧场。占地面积3600平方米，建筑面积3300平方米，剧场设有地座和楼座，总座位1092个，是县委、县政府政治、文化活动的重要场所，也是县城群众文化活动中心。

夏明翰文化宫有标准舞台、先进灯光和音响设备，是文艺表演、观赏电影、举办大型会议的理想场所，内有排练厅、休息室，各种附属设施齐全。该剧场曾多次荣获"全省百强剧场""全市十佳剧场"称号，许多知名艺人都曾来此剧场表演过。

黄兴村

黄兴村简介

　　黄兴村位于汨罗市屈子祠镇，俗称萝卜籽湾，1961年由陆续迁入的江北移民组建。因第一任党支部书记周太康等赴长沙参观，瞻仰了岳麓山黄兴墓，仰慕先贤伟业而取名黄兴村。

　　黄兴村与徽山村、屈原村、渔街市村、新又村、屈子祠村、范家园村、新茶村、金山村等村相邻。

　　附近有屈子文化园、任弼时纪念馆、汨罗普德大庙等旅游景点，有长乐甜酒、岳阳兰花萝卜、龙舟毛尖、三江板栗等特产。

嗣同村

嗣同村简介

嗣同村位于长沙市浏阳市荷花街道办事处较中心位置,因谭嗣同葬于此而得名。G106、G319两条国道贯穿全村,东、西环线连接相通,村级公路连接各村民小组。村域面积16平方千米,耕地面积1.47平方千米,水面0.13平方千米。辖41个村民小组,村内有学校2所,卫生室1所,并有信用站、邮电代办站等公共事业单位。周边拥有李志民故居、浏阳文华书院(里仁学校)、双枫浦、谭嗣同祠、谭嗣同墓、浏阳六叠泉漂流等景点景区,拥有浏阳花炮制作技艺、浏阳客家风情、浏阳节日风俗、长沙花鼓戏(浏阳)等民俗文化,拥有浏阳菊花石、浏阳炒米、浏阳茴饼、浏阳河小曲、天岩

寨柑橘、浏阳红桎木、大围山乌花生等特产。

如今，这里正搭乘着乡村振兴的快车，不断完善设施、厚植文化，以文旅产业推动乡村发展。

嗣同村有花炮厂、机砖厂、加油站等大小企业近20家，其中规模以上花炮厂有5家，全村经济形成以花炮企业为龙头，小型企业和种养殖为辅助的发展趋势。养猪事业也是全村经济的一大支柱，以石山组为主，全村星罗棋布的养猪大户有上百户。农业生产稳定，东、西干渠贯穿全村，农田水利灌溉有保障。小水中心街粗具规模，物品齐全，经济活跃，人口流量不断增大，外来住户日益增多，是本村的经济、文体中心。

嗣同村是浏阳市荷花街道的纳税大村，先后被街道工委、办事处授予"先进工作单位""税收先进单位"等光荣称号。2021年11月，嗣同村被中共湖南省委实施乡村振兴战略领导小组办公室确定为"湖南省省级乡村振兴示范创建村"。

谭嗣同生平

谭嗣同，生于同治四年（1865）3月10日，字复生，号壮飞，湖南浏阳人，是中国近代著名的政治家、思想家，维新派人士。谭嗣同早年曾在家乡倡办时务学堂、南学会等，主办《湘报》，又倡导开矿山、修铁路，宣传变法维新，推行新政。谭嗣同所著的《仁学》是维新派的第一部哲学著作，也是中国近代思想史中的重要著作。

光绪二十四年（1898），谭嗣同参加戊戌变法，变法失败后被清政府杀害，年仅33岁，是"戊戌六君子"之一。谭嗣同的死在社会上引起了强烈反响，各界人士纷纷发表言论，对谭嗣同的献身精神表示崇敬，视谭嗣同为楷模，其影响较为深远。

谭嗣同生于官宦之家，父亲谭继洵进士出身，曾做过湖北巡抚。谭嗣同生活的年代正处于晚清新旧中西混杂的思想格局中，他交往师友众多，强调兼收并蓄。谭嗣同读书力求内容广博，既汲取国学精华和唯物色彩的思想，又阅读了当时介绍西方科学、史地、政治的书籍，为之后参与变法与著作文章打下了基础。谭嗣同还仰慕那些行侠仗义的英雄，他曾和当时北京的一个义侠"大刀王五"结交。

生活在多事之秋的晚清年代，谭嗣同忧国忧民。同时，他对当时唯一的八股取士之道深恶痛绝，曾在课本上写下"岂有此理"几个字。

光绪二十一年（1895）4月17日，中日签订《马关条约》，时年30岁的谭嗣同更加担心国家的命运与前途，决定立即行动起来。他先在家乡提倡新学，呼号变法，并组织算学社，与同人们共同钻研，同时在南台书院设立史学、掌故、舆地等新式课程。

光绪二十一年（1895）5月2日，康有为联合在京参加会试的1000多名举人上书清政府，要求拒和、迁都、变法。

在变法思潮的影响下,谭嗣同苦思寻求挽救民族危亡的根本大计。他感到"大化之所趋,风气之所溺,非守文因旧所能挽回者",必须对腐朽的封建专制制度实行改革,才能达到救亡图存的目的。

光绪二十二年(1896)2月,谭嗣同赶赴北京,结交了维新派领袖梁启超。在初步了解维新派变法纲领后,他回到湖南,与唐才常等倡办时务学堂,把《明夷待访录》《扬州十日记》等含有民族主义意识的书籍发给学生,向他们灌输革命意识,使时务学堂成了培养维新志士的机构。

谭嗣同接着创建南学会,兴办《湘报》,倡导开矿山、修铁路,向民众宣传变法维新,抨击旧政,推行新政,成为维新运动的激进派,使湖南成为当时"全国最富朝气的一省"。谭嗣同奔走呼号,为变法工作做好了充分准备。

光绪二十四年(1898)6月11日,光绪颁布"明定国是"诏,"戊戌变法"正式开始。同年9月5日,光绪下诏授给谭嗣同和林旭、刘光第、杨锐四品卿衔军机章京,诏命他们参

与变法。就这样，在光绪帝的大力支持下，谭嗣同与康有为、梁启超等维新派人士共同领导参与了轰轰烈烈的"戊戌变法"运动。

"戊戌变法"触及了以慈禧太后为首的守旧派的根本利益。光绪二十四年（1898）9月21日，慈禧太后发动"戊戌政变"，开始镇压变法。

听到政变消息后，谭嗣同不顾个人安危，首先想到的是营救光绪皇帝，在多方活动、营救计划落空后，他知道自己处境危险，决心用牺牲向封建顽固势力作最后一次反抗。

当有人劝他像康有为、梁启超一样逃到国外时，他慷慨陈词道："各国变法无不从流血而成，今日中国未闻有因变法而流血者，此国之所以不昌也。有之，请自嗣同始。"

光绪二十四年（1898）9月24日，谭嗣同在浏阳会馆被捕，四天后在北京宣武门外的菜市口刑场英勇就义，年仅33岁。其实，谭嗣同是有生还机会的，但他用视死如归的壮举，试图激励幸存下来的维新派人士继续战斗，完成变法大业。然而，他的死宣告了"戊戌变法"这种通过改良来变法图强的方法是行不通的，让后来的人们清醒认识到：只有通过革命暴动，推翻长期统治中国的封建王朝，才能彻底改变中国的落后状况，实现振兴中华的梦想。

谭嗣同故居

谭嗣同故居又称"大夫第"，位于浏阳市淮川街道北正社区北正南路101号。谭嗣同故居始建于明朝末年，原为周姓

祠宇，后由谭嗣同的祖父谭学琴买下作为私第并改造成庭院式民居建筑。1996年11月20日，中华人民共和国国务院公布谭嗣同故居为全国重点文物保护单位。

谭嗣同故居主体部分占地2000多平方米，建筑面积762平方米，坐西南朝东北，主体建筑沿中曲线延伸二进院。砖木结构，覆小青瓦，三进五开间，两侧列私塾、花园、仓廒、杂物等。现存前、中、后三栋及过亭等主体建筑，大小房间计24间。

谭嗣同故居馆内基本陈列包括"自小立志磨练成长""立志匡时变法维新""百日维新变法献身""浩气长存影响深远"4个板块，展现了谭嗣同敢为人先的爱国精神。故居历经百余年风雨洗礼，保存完好，为研究清代祠宇建筑提供了实物例证。

在谭嗣同故居的"石菊影庐"书房里，陈列着两张七弦琴——"崩霆"和"残雷"（复制件，原件分别收藏于湖南省博物院和故宫博物院），系光绪十六年（1890），谭嗣同取故居院内一棵被雷劈倒的梧桐树的残干制成。

崩霆琴,仲尼式,琴面为桐木斫,琴底为梓木斫,黑色亮漆,无断纹,牛角雁足。琴背书魏碑体"崩霆"琴铭,下书"雷经其始,我竟其工,是皆有益于琴,而无益于桐。谭嗣同作",腹款"浏阳谭嗣同复生甫监制,霹雳琴第一,光绪十六年庚寅仲秋"。

残雷琴,落霞式,面底皆桐木,退光漆,无断纹,牛角轸足,承露刻梅花样,焦尾刻灵芝样。琴背书楷书填绿"残雷"琴铭,下书"破天一声挥大斧,干断柯折皮骨腐,纵作良材遇已苦。遇已苦,呜咽哀鸣莽终古。谭嗣同作",钤"壮飞"红印,腹款"浏阳谭嗣同复生甫监制,霹雳琴第二,光绪十六年庚寅仲秋"。

谭嗣同祠

谭嗣同祠(下文简称"谭祠")建于1913年,为二栋一亭的旧式祠宇建筑。占地面积535平方米,坐北朝南,砖木结构。风火墙,硬山顶,面阔三间,进深三间。中轴线上依次为前门(牌楼式)、庭院、前厅、过亭、后厅等建筑。前门墙面凸出四砖柱。明间设券门,两扇大门拼钉几何图案竹片,上部女儿墙由两端向中收缩成三角形西式状,下部左右各镶嵌祁阳石标志、说明牌一块,祠门额上嵌"谭烈士专祠"汉白玉石匾,阴刻楷书金饰。

经庭院拾三级台阶进入中厅,前檐饰卷棚,几何图案挂落与格门,厅内立花岗石方柱6根,上部抬梁式构架,前部饰卷棚设月梁,满置楼栿楼板,正上方悬挂梁启超先生题写的"民国先觉"牌匾,匾下原(1983年)挂谭嗣同油画遗像,1998年,置放谭嗣同铜质头像一尊。前厅与过亭由16页格扇间断,过亭由4根花岗石方柱支撑整个建筑,左右各设天井,亭顶正中设六边形藻井，下饰卷棚，上置梁枋一根，书"谭远遗堂自建，民国二年秋月"建祠题记。藻井下左、右、前三方制安玻璃窗页采光，地面铺青方砖（残损严重），天井底部全部铺扁卵石。拾二级台阶入后厅，后厅由4根木柱支撑上部招梁式木构架，前部两木柱与过亭石柱以月梁连接。后厅前阶檐设格扇门14页，上安装玻璃、挂落等，厅内后部木枋与砖墙连接，上满置楼栿楼板。厅正中处置放"谭嗣同烈士牌位"的神龛，雕龙刻花，制作十分精细，"文革"时遭毁，祠内原有唐才常、康有为书赠挽联及谭嗣同遗像，同时损毁遗失。1983年修缮时，厅内仅复原了两副木质挽联与遗像。前厅、后厅进行了全面修缮。1984年，对门楼又进行了维修。

新中国成立后，谭祠一直由浏阳县人民政府管理。20世纪50年代，祠宇曾作人委会机关食堂与厨房。"文革"时，神龛、木质挽联尽遭损毁；"民国先觉"牌匾，因作厨房砧板所用，未遭厄运。

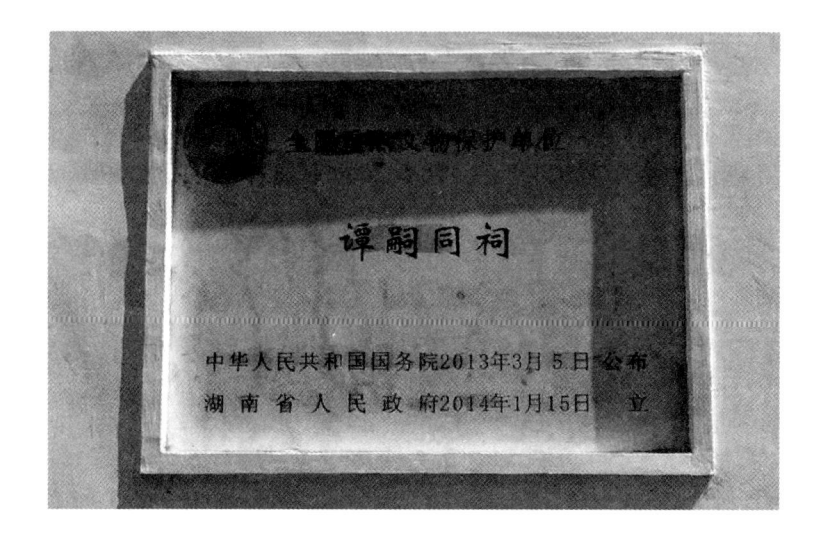

1983年，值谭嗣同殉难85周年，湖南省人民政府拨专款2万元对谭祠前厅、过亭、后厅进行了全面修缮，基本恢复了原貌。浏阳县政协委员会与浏阳县文化局在此联合举办了谭嗣同生平事迹展览，并对外开放。

1983年10月，湖南省人民政府将其公布为省级文物保护单位。

1984年，湖南省人民政府拨专款对牌楼进行了修缮。

1985年，浏阳县文物管理所组建成立。同年，湖南省文化厅将谭祠辟为"谭嗣同纪念馆"，浏阳县文物管理所安排人员在此进行管理。谭嗣同纪念馆从此正式长期对外开放。

1995年1月25日，湖南省委宣传部将谭祠公布为省级"爱国主义教育基地"。

1998年6—9月，浏阳市文物管理局（1993年，浏阳撤县改市）实施对谭嗣同纪念馆的油漆翻新工程及陈列改版布展工作。并在前厅置放了由谭氏家族出资，著名雕塑家钱海源先生亲手制作的谭嗣同头部（铜质）塑像。

谭祠整体建筑保存较好，属清末民初的典型祠宇式建筑，抬梁式木构架，风火山墙、墙堰上的泥塑制作细腻精巧，祠宇内的木雕、格扇挂落、月梁、藻井、砖窗、卷棚、油漆、彩画、石作等均制作精细，具有较高的建筑艺术观赏价值和科学价值。

谭祠自修建以来，前来瞻仰凭吊的文人志士及国内外友人络绎不绝。特别是1983年由湖南省人民政府拨专款进行修缮后，祠内陈列了谭嗣同生平事迹展览，由浏阳市文物管理局配备专职讲解员以来，广大的青少年学生以及社会各界人士纷纷前来参观学习，接受爱国主义教育和革命传统教育。谭嗣同的敢为人先、英勇献身的爱国精神，激励着一代又一代的人们。

谭嗣同墓

谭嗣同墓位于嗣同村石山下。墓呈半圆形，小圆扁卵石铺盖冢顶，三面立石柱，青石板圆围。前有拜台，两侧护围，呈"八"字状。后立墓碑三通，主碑刻楷书碑文"清故中宪大夫谭公复生府君之墓"。艮山坤向。墓地前方有石马、石虎各一。华表一对，上镌刻联语"亘古不磨，片石苍茫立天地；一峦挺秀，群山奔赴若波涛"。1958年兴修水利，华表及石围板全部被撬走。1983年9月，墓地整修复原。拜台的下方增筑护坡，并修踏步山径，方便上山凭吊。

谭嗣同墓是湖南省重点文物保护单位，来祭扫谭嗣同墓非常便利。嗣同村地处近郊，离城区只有15分钟左右的车程。如今，谭嗣同墓周围设施升级，旁边更是设立了"游客服务中心"，基础设施越发完善。嗣同村还开展了油菜花观赏、水果采摘、钓鱼、采风、研学等活动，不断丰富"15分钟文旅圈"的内涵。城区市民只要花15分钟前往嗣同村，就能来一场高质量的周末游。

后 记

　　湖南省政府在 2021 年 10 月 1 日开始实施《湖南省红色资源保护和利用条例》。该条例是为了保护和利用湖南丰富的红色资源，彰显湖南作为伟人故里、将帅之乡、红色热土、革命摇篮的历史地位，发挥红色资源培根铸魂的作用，培育和践行社会主义核心价值观，激发全面建成社会主义现代化强国、实现中华民族伟大复兴中国梦的强大精神力量而设立的。湖南省民政厅为了宣传该条例，树立红色地名文化保护意识，设立了红色地名文化研究项目。

　　根据湖南省民政厅党组的安排部署，区划地名处发布了红色地名文化研究服务的需求，旨在对湖南省革命老区包括 104 个县（市、区）、6 个管理区的红色地名进行普查梳理，形成全省红色地名名录；挖掘红色地名文化，分别记述其地名来历、区划变迁、地理特征、红色文化等；传播红色地名故事，全方位的解读地名所承载的红色历史记忆，弘扬红色文化，传播红色精神，发掘地名故事，提升人民群众对于地名文化与红色文化的认知与感悟。

《在地名中永生》就是对上述工作进行成果转化，形成的一本湖南红色地名文化的出版物。本书选择湖南省内一批以红色人物命名的行政区划地名，记叙该区域的红色历史，目前的发展状况，历史人物的生平、故居、纪念馆、革命纪念地，以及以红色人物命名的学校、图书馆等情况。

本书在湖南省民政厅区划地名处的指导下收集整理了大量资料，并邀请陈清林等省内几位党史专家担任顾问。本书的编辑工作由著名作家、老报人张效雄领衔，参加编辑工作的有江帅华、卢小伟、李向等几位年轻的编辑。他们为本书付出了艰辛的劳动。由于资料繁杂、时间仓促，在编辑过程中难免出现遗漏和缺失，敬请读者朋友见谅，并通过出版社渠道反馈给我们，以便在未来补充。

红色地名文化项目组
2024 年 1 月 10 日